# これからの建築士

## 職能を拡げる17の取り組み

編著：倉方俊輔
　　　吉良森子
　　　中村勉

協力：東京建築士会

HandiHouse project
仲俊治・宇野悠里
SPEAC
ツバメアーキテクツ
チーム・ティンバライズ
遠藤幹子
葛西潔
岩崎駿介
日建設計ボランティア部
善養寺幸子
斉藤博
文京建築会ユース
防災教育ワーキンググループ
復興小学校研究会
北斎通りまちづくりの会
稲垣道子
住宅遺産トラスト

学芸出版社

# はじめに

　「建築士」は建築に関する総合的知見という個人の能力に与えられる国家資格であり、建築家のような自称とも、設計者のような職種を示す呼称とも異なるものである。

　その国家資格の有無にかかわらず、建設に携わる専門家の信頼は、未だ記憶に新しい10年前の「姉歯事件」から、昨年の杭データ偽装事件にいたるまで、昨今、絶えず危機に直面し続けている。この危機を乗り越え、建築に関わる専門家の信頼を回復していくには、大きく二つの道筋があるだろう。

　ひとつは、問題の根幹を適切に捉え、それが繰り返されないような対策を講じ続けることだ。日本の高度成長を下支えしてきた建築の安全性の持続に向けて、ネガティブな要素をひた向きに排除していく努力は、さまざまな立場で継続的に行われてきている。

　もうひとつは、建築士という職能の、社会における新しい使用価値を見出し続けていくことだ。日本の社会自体がこれまでの新築至上型からストック活用型へと、その速度は別にしても転換していくことは明らかであり、その状況において、いかに社会貢献し続けていくことができるのかということも問われている。

　この本はその後者の道筋を見える化し、共有するために編まれたものである。

　ここで紹介するのは、2015年のはじめに東京建築士会が募集した「これからの建築士賞」に応募があった57の取り組みのうち、1次審査を通過した17の取り組みだ。審査委員は建築士の中村勉、吉良森子、建築史家の倉方俊輔の3人が務めた。2次審査を経て最終的に六つの取り組みに賞を贈ることになったが、17の取り組みすべてに賞を出してはどうかという意見も出たほどに、未来につながる実践が並び、それを何らかのかたちで広く社会に紹介できないかと考え、3人の審査委員が編著者となり、この書籍化が実現した。

## はじめに

　書籍化にあたり、17すべての取り組みについて、審査委員による当事者への取材を敢行した。さすがにアフリカには行けなかったが、茨城県石岡市には倉方、吉良が足を伸ばした。

　現地に身を置き、当事者の話を聞くと、17のいずれの取り組みも単体の建築に留まらず、地域、社会に開かれている活動であることが改めて実感できる。不動産価値の再生、施設経営にまで踏み込んだストック活用、防災や安全な出産といった国内外の社会問題解決への参加など、建築士という職能がさまざまな拡がりを持ち、社会に貢献していることが見えてきた。

　この本を一通り読み終えた後に、興味を覚えた取り組みについては、ぜひ現地に足を運び、建築士という職能の可能性を肌で感じていただきたい。

　本書は、それぞれの取り組みを入賞者たち本人が書き下ろしで紹介するパートと、上記の現地取材をまとめたインタビュー（対話）のパートからなる。その合間に置かれた3名の審査委員による論考では、三者三様の視点から「これからの建築士」への考えを語っている。

　これまで建築に携わってきた皆さんには改めて自分の職能の可能性を考えるための、これから建築士を目指す皆さんには進むべき未来を考えるための、ガイドブックとして本書を使い倒していただければ幸いである。

2016年1月
倉方俊輔、吉良森子、中村勉
佐々木龍郎（東京建築士会）

## 目次

はじめに｜倉方俊輔、吉良森子、中村勉、佐々木龍郎　　2

# 第1部　新たな関係をつくり、社会を動かす

設計も施工も住み手と一緒に行えば、失敗も思い出に変わる｜HandiHouse project　　8
　　──対話：コミュニケーションをとりながらつくる、新しい分業の世界

地域に働きかける〈小さな経済〉をデザインするアパート｜仲俊治・宇野悠里 ［食堂付きアパート］　　18
　　──対話：小さな地域の仕事から始める静かな革命

多様なチームで「建築に何が可能か」を考える｜SPEAC　　26
　　──対話：ゆるやかな仕組みで、クライアントと並走する

「社会構築」と「空間構成」を連動させる｜ツバメアーキテクツ　　36
　　──対話：空間の使い方のダイアグラムが生む新しい建築のつくり方

川上から川下までのネットワークを構築し、都市木造を実現する｜チーム・ティンバライズ　　46
　　──対話：木造から都市のシステムを変えようとする、多分野の集まり

論考1＿「2050年」から建築士を考える｜中村勉　　56

# 第2部　デザインの意味を拡げ、状況を変える

命を守る施設を地域住民自らが建築できる力を育む｜遠藤幹子 ［ザンビアのマタニティハウス］　　66
　　──対話：母親として、建築を育てる土壌になる

材の輸入から施工まで責任を持つ、独自構法の家づくり｜葛西潔 ［木箱212構法］　　76
　　──対話：住宅づくりのシステムから変え、職能を拡げるプロトタイプ

豊かな建築は、豊かな人間関係があって初めて成立する｜岩崎駿介　　84
　　──対話：落日荘までの40年

リスクを可視化し、合意形成のプラットフォームをつくる｜日建設計ボランティア部 [逃げ地図] 　094

　　　──対話：住民が主体的に考え続けられる仕組みをデザインする

エコ改修を通じて、地域の人と技術を育む｜善養寺幸子 [学校エコ改修事業] 　102

　　　──対話：身近な感性を出発点に、建築士が社会に働きかける場をつくる

領域を超えて建築の発意から運営までを総合的にプロデュース｜斉藤博 　110

　　　──対話：事業の初期からジャッジし、デザインする職能

論考2＿「これまで」の前提から「これから」の前提へ｜吉良森子 　116

# 第3部　地域に入り、環境を守る

地域の魅力を可視化し、発信のチャンネルを変える｜文京建築会ユース 　126

　　　──対話：「文京区」のスケールを活かし、生態系をつなぐ

防災教育を通じて、地域と建築士を育てる「まち建築士」｜防災教育ワーキンググループ 　136

　　　──対話：建築士として防災に貢献しながら、地域に入り込む

調査と提言を通して、歴史的建造物の価値を地域と共有する｜復興小学校研究会 　146

　　　──対話：建築的価値を明らかにし、市民や所有者との共感を広げていく

震災、戦災で焼失したまちにアイデンティティを取り戻す｜北斎通りまちづくりの会 　154

　　　──対話：景観と防災を軸に、住民側にまちづくりの主体をつくる

まち並みを継承し、建物や樹木を思いやる一連のプロジェクト｜稲垣道子 [深沢住宅地計画] 　164

　　　──対話：土地の尊厳を守る一体的なコーディネートで景観を受け継ぐ

名作住宅を、多様な分野の連携で継承する｜住宅遺産トラスト 　172

　　　──対話：住宅遺産を継承する仕組みをつくる

論考3＿生きた市民としての建築士｜倉方俊輔 　180

おわりに　──「これからの建築士賞」立ち上げの現場から｜佐々木龍郎 　188

第Ⅰ部

新たな関係をつくり、社会を動かす

建築士はそもそもチームワーカーである。相談に来たクライアントとそのつど新たな関係をつくり、施工者などその他のプロとやりとりしながら仕事を進め、できあがった建築物を通じて社会を動かす。そんな建築士の得意とするところを、この部で取り上げた5者は意欲的に押し拡げている。「設計も施工もできる限り住み手と一緒にやる」をコンセプトに活動する<u>HandiHouse project</u>。何をつくるかからクライアントとともに考え、建築物の竣工後も生活環境の維持に関わる<u>仲俊治・宇野悠里</u>。不動産やコンサルティングなど多彩な分野に精通した人材が集まり、チームで結果を出す<u>SPEAC</u>。プロジェクトの立ち上げから竣工後の関係性の構築までを設計活動の領域に据える<u>ツバメアーキテクツ</u>。幅広い分野の研究・実践者が協働することで、中高層木造建築の未来を理想的かつ現実的に提案する<u>チーム・ティンバライズ</u>。
みな違った方法で、チームワーカーとしての建築士の素質を伸ばそうとしている。この中に、従来の硬直化した枠組みを超えた、社会に必要とされる建築士へのヒントを見つけていけるはずだ。

## HandiHouse project
## 設計も施工も住み手と一緒に行えば、失敗も思い出に変わる

### 偶然のような必然的なはじまり

　これまでの建築士が沸々と抱いてきたフラストレーションが、それぞれの設計や工事監理の現場で頂点に達して…というほど何か大きな爆発のようなできごとがあったわけではなく、ほぼ同時期に荒木伸哉、加藤渓一、坂田裕貴、中田裕一の4人が職場を辞めフリーになったという、ただそれだけのことではあるが、その後のHandiHouse projectの活動を見ると、4人の行動の一致がただの偶然ではないようにも思える。

　HandiHouse projectは2011年、ゼネコンを退職した荒木、中田と設計事務所を退職した加藤、坂田の4人で活動を開始し、2014年にゼネコンを退職した山崎大輔が加入した。総勢5人の個人事業主の集団として活動を行い「妄想から打ち上げまで」という合言葉を掲げている。その意図は、空間をつくるための「考える」「つくる」「その後の労をねぎらう」という行為すべてを施主とともに行うということであるが、ここで重要なのが顔合わせから始まり、デザインの検討、現場監理、現場打ち合わせ、現場作業を同じ顔ぶれで行うことである。そこにはつくり手と住み手との間に親密な関係を築くという狙いがある。つくり手にとっては住み手が言葉では伝えきれない要求を汲み取るきっかけがつくれ、住み手にとってはこれまでプロの仕事だからと踏み込みづらかった設計内容や工事現場に、気軽に踏み込み対話や意見をすることができるようになる。また、設計と工事の現場それぞれの楽しさと苦労を知ることで空間をつくるという行為を理解し、また構造を理解することでその空間で生活するための知識や知恵を身につけ、生活の質を向上させようという狙いもある。

　このようなコンセプトで活動するようになったのは、2010年のハロウィンに坂田と中田が出会い、2011年1月29日に中田の自宅「西三田の団地」でお互いの経歴と建築に対する考えについて話した際、設計側、現場監理側それぞれのフラストレーションが一致したことが起因となっている。エゴイスティックな

---

**HandiHouse project**
　2011年結成。合言葉は「妄想から打ち上げまで」。デザインから工事のすべてを自分たちの「手」で行い、最高の「Live」を提供する建築家集団。施主に建築のプロセスを解放し、巻き込み、共有することで、家と住まい手とつくり手の本来あるべき関係性を紡ぎ出すことを目標としている。

009 | 設計も施工も住み手と一緒に行えば、失敗も思い出に変わる | HandiHouse project

図1　HandiHouse projectのホームページにはお施主さんとの集合写真が並ぶ。現場で思い思いに工具を持ち、笑顔で写真を撮る。このような関係をつくることが僕らのデザインだと考えている

図2　最初の施工物件「神泉のリノベーション」(設計：能作淳平建築設計事務所＋中田製作所)。解体した壁や天井の下地材を再利用したボックスの中に、トイレ、お風呂、寝室、収納が収められている

設計手法。空間を企画商品化するつくり手の勝手なプロセスや制限。口をつぐみ思考を停止する施主。現場を無視し机上の都合で決まる予算と工期。自分の効率しか考えない職人。利益を守るために対立しあう設計者と施工者。細分化された分業システムにより本来の目的を見失っているようにしか見えない現場。そんな現状へのアンチテーゼとして、中田が"設計も施工もできる限り自分でやる"と決め、退職後に最初の事例としてつくったのが「西三田の団地」だった。その空間と考えに共感し"自分で"と限定せずに"住み手と一緒に"がより良いと坂田が提案したことで、"設計も施工もできる限り住み手と一緒にやる"というHandiHouse projectのコンセプトが生まれた。

　活動は試用期間のような始まり方だった。中田に「予算の少ないマンション改修工事を手伝ってくれないか」と話があり、"できる限り自分で、できたら住み手も一緒につくる"というプロセスを施主に承諾してもらい、施工人員確保のために声をかけたのが、坂田の他に荒木、加藤だった。頭数は揃ったが、現場監督出身の荒木と中田に設計事務所出身の加藤と坂田の4人では施工技術面の不安はぬぐえない。その代わりに勉強代として1人工[注1]あたり5000円という取り決めをすることで、不安要素についても施主に了承をもらい、初めての工事をしたのが「神泉のリノベーション」（図2）だった。

　神泉では、日当の5000円を握りしめ、現場終わりによく飲み歩いた。そこで荒木、加藤とも先述のフラストレーションや"設計も施工もできる限り住み手と一緒にやる"というコンセプトに共感し、4人のチームという一体感が生まれていった。その工事中に「ダイニングバーの計画があるので協力してもらいたい」と話をもらい、また4人でやろうという流れになり…そんな成り行き任せであまりお金のない始まりだったからか、HandiHouse project は"バンドのようだ"とよく言われる。

**シンプルな報酬構造と独自の報酬概念**

　その後、2011年中は人工15000円（取分12000円）、2012年に人工18000円（取分15000円）、2013年には人工20000円（取分18000円）と毎年人工を上げていき、2014年からは人工25000円（取分22000円以上）と首都圏の大工同等の額に設定した。人工と取分の差額を予備費としているため、不測のトラブルもなく段取り

注1　人工：1人が1日に行う作業量の単位。

が良ければ25000円が日当として直接個人に入る。設計費や現場監理費についても同様に、各担当者が見積もり金額をそのまま受け取るという単純な構造である。見積もりもより単純にわかりやすくするため、必ず材料の数量と人工を分け「何をつくるためにどんな材料を使い、どのくらい手間がかかるのか」が明確になるような見積もりをつくる。インターネットで建材の金額がわかる時代なので基本的には材料費に利益を乗せず、人工と経費できちんと利益を上げる仕組みにしている。

　ここで注意してもらいたいのが、HandiHouse projectの人工の概念である。単なる職人としての技能だけではなく、家づくりのことを住み手に伝え、より楽しんでもらいながら仕事をするためのエンターテインメント料も含んでいる。このエンターテインメントの部分は普段の作業だけでなく、活動1年目にR不動産toolbox[注2]内のサービスとして開始した「DIYサポート」でも磨かれてきた。未経験者やDIYの自信がない方に、プロが"お手伝い"として伺い、お客さんが主体となって楽しく作業ができるよう、補佐役として場を盛り上げながら作業を行うサービスで、ある種エンターテイナーのようなスキルが必要になる。一般的には建築士の能力として不必要だが、これがHandiHouse projectにとっては必要不可欠であり、"設計も施工もできる限り住み手と一緒にやる"というコンセプトを支えている。

注2　R不動産toolbox：株式会社toolbox（SPEAC (p.26)とグループ会社）が運営する、手軽にリノベーションを行うためのさまざまな素材やパーツ、サービスなどを取り扱うウェブショップ。

### 初めての成果――つくってわかると楽しくなった

　初期の住宅は、住み手の希望もありDIYをする時に素材を揃えやすいよう、できる限り近くのホームセンターで調達できる材料でつくった。もちろん見積もりの材料単価はホームセンター価格そのままなので、たとえば追加で家具をつくる場合、工事見積もりを確認すれば、つくりたい家具のおおよその材料費を簡単に計算することができる。完成後最初の年末、忘年会をやろうと久しぶりに家に上がらせてもらうと「HandiHouse projectのみんなと作業したから、つくり方もなんとなくわかるようになって、これ、休みの間につくってみたんだけど、ど

図3　工事後、お施主さん自ら製作したローテーブル。同じサイズのものを二つ製作されたが、天板の小口がそれぞれ凹凸となっており、組み合わせて使用できるよう工夫されている。材料はこの家の各所に使用されているシナ合板。近所のホームセンターで購入後、その場でカットしてもらったもの

う？」と自作したテーブルやAVボードを披露してくれた（図3）。完成度の高さに驚いたが、なによりも住みながら手を加えて、さらに居心地の良さを増す住宅を目の当たりにして、初めてHandiHouse projectの価値を実感させてもらった瞬間だった。

## "共有した時間"の大切さ

　ものづくりに結びつくだけじゃない価値を生むこともあった。
　設計打ち合わせから始まり、工事金額の調整、工事進行中の予期せぬトラブルなど、常に同じ顔ぶれで過ごしていると、現場に来やすくなるだけでなく面と向かって意見を言いやすくなる。それは現場において非常に重要なことである。クレーム産業と言われても否定できない建築の現状に対し、HandiHouse projectはいわゆるクレームを経験していない。それは工事に入った段階で面と向かって言い合える関係ができているので、クレームに発展するわだかまりをリアルタイムに現場で確認し、対処できるからである。工事中に注文をつけられることは面倒に思うかもしれないが、引き渡し後にクレームが入り是正工事をすることに比べれば手間が少なく済むだけでなく、関係者の精神的なストレスに圧倒的な差が生じる。さらに工事中であれば、怪我の後を巧妙にデザインする余地が残されている場合もあり、みんなでアイデアを練り、ものづくりの醍醐味を味わうきっかけになることもある。
　あまり自慢できる話ではないが、壁仕上げは等間隔にビスを打ってベニアを張るだけという仕様だった物件に完成後に伺った際、旦那さんが「トイレのあそこ、少しビスの並びが歪んでるの知ってた？トイレに座るたびに、あいつ、ここの作業する日すごく落ち込んでちょっと疲れてたよなって思い出すと、なんだか愛おしくなってね…」と話してくれたことがある。あくまでもプロとして自慢はできないが、面と向かって言い合えるのに"あえて言わない"という施主の判断によって、失敗も思い出に変わり、他の人にはわからない価値を生むこともある。

図4　ビスのピッチを指摘された「日野の家」のトイレは3か所すべての仕様が異なる。工事中にお施主さんから「ハンディそれぞれでオリジナルのトイレにしようよ！」との提案を受け、メンバーが担当を決めて設計施工した。そのようなやりとりから愛着が生まれる

## 子どもたちの素直な反応に、
## これからの建築への希望を抱く

　大人だけでなく子どもにとっても"共有した時間の長さ"は貴重である。2013年からは子どものいる現場が増えてきた。子どもは大人より家で過ごす時間も長く、作業を行っている時間に現場にいることが可能だ。子どもにとって工事現場ほど楽しい"非日常"の場所はなく、どんな人見知りの子でもきちんと向き合って関係を築けば、尻込みをせずに現場を楽しんでもらうことができる。そんな子どもたちに怪我のないよう注意をしながら、できるだけ工事に触れる機会をつくってみると、すぐにものづくりや建築に興味を持ってくれる。場合によっては授業参観の文集で「僕の家をハンディハウスプロジェクトという面白いやつらがつくってくれていて、家づくりが楽しいです。だから将来は建築家になりたいです…」と発表してくれたりもして、つくり手としてもこれほど嬉しいことはない。

　おそらくどんな仕事の現場も子どもにとっては"非日常"であり、学校でのできごととは違った興味関心が沸くはずだが、いたるところにある建築の工事現場は殺風景な仮囲いに覆われ、何の興味もそそられない工程表がまちに向けられているだけだ。そのような状況では子どもたちが建築に興味を持つことはありえない。これからより多くの良質な建築や住宅ができてほしいと願うのであれば、未来の建築の担い手、もしくは未来の施主となる子どもたちに楽しい建築に触れてもらうことがとても重要なことだと感じている。

図5　子どもは機械が好きだ。大人は危険だといって子どもから工具を遠ざけるが、僕らは極力そうしたくない。丸ノコやインパクトなどの工具もサポートして使う経験をしてもらい、ものづくりの楽しさに触れてほしい

図6　お施主さん家族3人、黙々と壁に向かいペンキを塗る。家族総出で家づくりに参加すれば、思い出が刻み込まれ、よりかけがえのないものになっていく

## HandiHouse projectは僕らだけじゃなかった

　活動開始からの5年間で、いろんな先輩方と仕事をしたり、対談をしたりする機会をいただいたのだが、どの機会を振り返ってもHandiHouse projectの活動に対して異を唱える先輩方は限りなく少なかった。活動開始当初は、素人同然の施工技術で現場作業を自分たちでやることへの不安や、それぞれの分野でスペシャリストとして職能を発揮することとは異なる活動で反感を買うこともあると考えていた。しかし否定的な議論になることはほとんどなく、後押しをしてくださる方が多く、それぞれの言葉がこれまで助力となり僕らの活動の成長を促してきた。
　そこで思うのが、HandiHouse projectの活動コンセプトは今の若い世代の中だけでの違和感により生まれたものではないということだ。まるでバタフライエフェクトの蝶の羽ばたきのように、これまでの建築士の中に小さくぽつぽつと芽生えてきた違和感が、今僕らの世代の中で大きな竜巻となり、具体的な活動として可視化されているのだと気づく。そのような活動をしているのは僕らだけでなく、同世代で何組か交流のある仲間がいる。そう思うと、これからの日本の建築は、より明るく文化的に、生活に根ざして広がっていくのではないだろうか。これからもその一端を担う活動を続けていけたらと思う。

対話— HandiHouse project ×吉良森子
# コミュニケーションをとりながらつくる、新しい分業の世界

建築をつくるのは楽しいことだ。だが既成の商品として建築が供給される限り、建築の楽しさはおろか工具の使い方さえも知らない人が増えていく。建設行為を身近な生活に引き戻すHandiHouse projectの取り組みは、日本の建築文化の底上げにもつながるだろう。商品としての質を求めて分業していった建築産業が見失っていた、別の「質」を補える新しい分業のあり方が構築されつつある。

## ■専門性とクオリティ

**吉良** 審査の時一番議論になったのが、HandiHouse projectの仕事のクオリティのことでした。設計した人が建ててしまうことでプロフェッショナリズムを否定しているのではないか。建築士、施工業者、職人さんの責任のボーダーを壊していることに対してどう思いますか。

**坂田** 建築家たちが考えてきたプロフェッショナリズムみたいな世界から見ると、僕らがやっていることがクオリティを下げていると思われるかもしれないですが、これからのマーケットで何を社会に打ち出していかなければならないかを考えたら、僕らがやっていることは裾野からそれを押し拡げていると思っています。確かにクオリティが落ちているところもあるかもしれないけれど、結果としてマーケットの裾野が広がって、全体のレベルがもっと高くなることに結びつく。5年や10年では結果が見えないかもしれないですけど、日本全体として、建築の文化がより育つための土壌ができると思います。

**吉良** なるほど、説得力がありますね。

**荒木** とは言いつつ、建物のクオリティが低くてもいいと考えているわけではないので、プロフェッショナルの職人さんも現場に連れてくる。職人さんたちの技術的なすごさをとても尊重しているから、それを広めたいんです。

**吉良** それぞれの職能が閉じた箱の中にいて、プロフェッションであるがゆえにお互い見えてこないところがあるから、その箱を開けることで、クオリティを上げるだけでなく、職人さんにももっと広い目を持ってもらうことができますね。

**加藤** 僕らがお客さんにプロとして伝えられることは、家づくりはお施主さんが主体となってつくれるということ。今は家も「商品」だととらえられがちです。自分で考えたりつくれたりすることがわかると、プロフェッショナルに対しての尊重も芽生えます。僕らと家をつくった子どもたちが、10年後、自分で家を持つ時に、家や職人さんに対する意識が変わると思う。家づくりは本当はクリエイティブなものづくりのはずなのに、なぜか商品になってしまっている今の現状を、小さな範囲ですけど、変えていきたいんです。

**吉良** そうだよね。大量生産の商品とは違うのに、ハウスメーカーもゼネコンも一生懸命、自動車のように売れる建物をつくろうとしている。でもそうすると、リスクをすべて消していかないといけないから、工業製品みたいな家しかつくれなくなっている。あなたたちは逆方向に走っている感じだね。その人のためにつくる、そこにしかないもので、完全なものなんてつくれないということを、「商品」に慣れて

いる人たちに説明するのはほとんど不可能だけど、自分たちでつくってもらうことでそのことに納得できるようになるだろうね。

**中田** 傷だったりバグだったり、そういうことがむしろ愛になっちゃう。だから本当にクレームがほとんど起きないし、だからこそ思い切ったこともできる。現場を見せないできれいなものを提供することがマネジメントだって言われますけど、逆に現場に入れないで、傷やクレームがあった時に、それを直す方がよほど精神的にも経済的にもストレスです。

■活動の持続可能性

**吉良** 「これからの建築士賞」で私が感じたのは、どの活動も自分が気になった、やりたい活動から始めているんですが、それがある時点でひとつのモデルとして汎用性を持ってくる時がある、ということです。目の前のことをなんとかやっていくところからひとつ上のレベルに上昇することができるかどうかが、持続性がある活動になるかどうかの分かれ道ですね。

**坂田** それは課題だと思っています。僕らの活動が今までの建築士の領域を押し拡げるためには、5人でやっていても仕方がない。感覚的には上手くいくようになってきているけど、体系化できていないし、言語化できていない。HandiHouse projectは僕ら5人のものではなくて、ぽんと世の中に投げて、DIYっていう言葉みたいに、HandiHouse projectの手法ってこれですよ、と言えるようになったら面白いと思っています。

■HandiHouse projectの10年後

**吉良** 10年後に向かってどうしたいですか？ たとえば50歳まで今と同じように現場に立っているのかしら。

HandiHouse project（左から、坂田裕貴さん、中田裕一さん、山崎大輔さん、加藤渓一さん、荒木伸哉さん）と吉良森子さん（右端）

**中田**　HandiHouse projectを拡げたいというのはあるんですけど、ここのメンバーも大事にしたいんですよ。アイドルで言えば、ここが「SMAP」だったとすると、次のもうちょっと若い「嵐」が出てくるような仕組み自体をつくれるチャンスだと思っています。この10年くらいなら僕らも手を動かせるけど、40、50、60歳になった時に変わってくるだろうから。やっぱりHandiHouse projectってある程度若い方がいいなって思うんです。30代くらいの方が。維持できるチームを常につくっていかないと、たぶんHandiHouse projectはなくなっちゃいますね。

**吉良**　HandiHouse projectは一過性なのか、汎用性のあるシステムなのか、ということですね。

**佐々木**　オープンソース化するプロセスがあって、最後はそれをネットワークしていくっていう形もあるね。

**吉良**　ビジネスモデルとして囲い込み型なのか、それともオープンなのか。

**中田**　今、その分岐点ですね。

**吉良**　HandiHouse projectの活動をすることで考えるようになったことってありますか？

**坂田**　工業製品じゃない「ものづくり」って、つくることでコミュニケーションをとれるものだから、スポーツみたいに、言葉を超える文化になりえると思うんです。僕らは建築を現場で1分の1でつくっているんですが、建築の現場って、社会の構成の縮図みたいなところがある。大量生産しなきゃいけなかった時代に部分だけを担当して、そこのスキルだけを上げたのが分業で、物が飽和している今、これから先の分業は違う形があると思う。HandiHouse projectができることを5年間やってきて、今、やっぱりそれぞれの得手不得手が見えてきている。何でも押し並べてみんな並列でやるのは、クオリティを上げていくうえでは現実的じゃない。個人のスキルを活かしていけば、再び分業につながっていくけれど、それは職人さんも建築士も設備の人も相互に理解しあえて、全員がお客さんと対等に話せて、お客さんも建築のことが理解できる、新しい分業の世界だと思うんです。

**吉良**　建築の現場を再編成していくんですね。

**坂田**　どういう形かわからないですけど、将来、どんと自分で予算を集めて、クオリティを突き詰めたような建築が今の僕らの方法を発展させたような形でできるくらいの力を持って、建築の世界からまた社会にアプローチしてインパクトを与えられるようなものができるといいなと、近頃思っています。時代に合わない分業の流れを切って、社会的にもこの組織の構成っていいよね、と認めてもらえるような…。社会へのアプローチといっても政治家にはなれないけど、自分が一番楽しい建築でなら何か表現できるかなぁと思っています。HandiHouse projectは社会の先を見て、新しい手法でやれる組織になれるかもしれないですね。

（2015年11月16日、東京都江戸川区の現場にて）

## 仲俊治・宇野悠里［食堂付きアパート］
## 地域に働きかける〈小さな経済〉をデザインするアパート

「食堂付きアパート」は、SOHO住戸、シェアオフィス、食堂といった、〈小さな経済〉にまつわる用途を複合させた集合住宅である（図1、2）。敷地は東京都目黒区の武蔵小山にある。このまちは、商店街がいくつもあったり、独立したてのデザイナーが多かったりと、〈小さな経済〉とでも言うべき活動が活発な下町である。周辺には木造密集地域が広がり、道路の拡幅、用途地域の変更、不燃化建て替えの促進などが行われており、まちがいよいよ変わっていく、そんな時期に行われたプロジェクトである。よって、クライアントからは「地域のためになるようなアパートを」という依頼を受けた。クライアントは商店街の元会長およびそのご子息である。

竣工は2014年3月。計画内容については、すでにさまざまな媒体で発表しているので、今回は、運営上の話や竣工してからの出来事を中心に述べたい。

**仲建築設計スタジオ**
**仲俊治**
1976年京都府生まれ。1999年東京大学工学部建築学科卒業、2001年同大学大学院工学系研究科建築学専攻修了。2001〜2008年山本理顕設計工場。2009年仲建築設計スタジオ設立。2009〜2011年横浜国立大学大学院Y-GSA設計助手。主な受賞に第31回吉岡賞、グッドデザイン2014金賞、第16回JIA環境建築賞優秀賞等。共著に『地域社会圏主義』（LIXIL出版、2013）。

**宇野悠里**
1976年東京都生まれ。1999年東京大学工学部建築学科卒業、2001年同大学大学院工学系研究科建築学専攻修了。2001〜2013年株式会社日本設計勤務。2013年より仲建築設計スタジオ共同主宰。

図1　「食堂付きアパート」外観。前面道路は駅への近道であり、人通りが多い（図版はいずれも、ⓒ仲建築設計スタジオ）

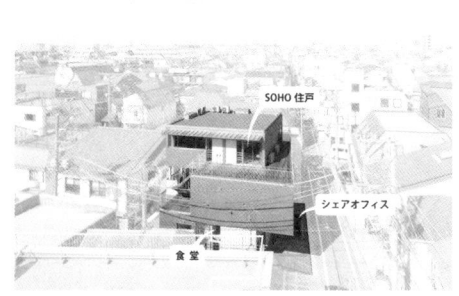

図2 〈小さな経済〉にまつわる用途の複合

図3 SOHO住戸内観

## 地域資源との関係の中のSOHO住戸

5戸あるSOHO住戸(図3)には2015年11月現在、合計9名が居住しているが、SOHOとして利用されているのは2戸、残りは一般的な住戸として使われている。竣工1か月前の2014年2月にクライアントが専用のウェブサイトを立ち上げ、Facebookで告知し、設計監理者である僕が協力する形で工事説明会を行ったところ、たくさんの入居希望があり、居住者はすんなり決まってしまった。SOHO対応なので少し大きめのユニットが多いが、家賃は周辺相場と合わせており、特別高いということはない。

住戸内の設備スペックは、商店街や下階の食堂といった地域資源との関係の中で決めた。たとえば浴室はシャワー主体で洗い場はない。すぐ近くに銭湯があるからだ。この銭湯は、地域に精通したクライアントによれば、代替わりがうまくいき、信頼できる存在なのだという。すべてを住戸の中で揃えるのではなく、地域とギブアンドテイクの関係をつくることが前述の「地域のためになるようなアパート」につながるので、洗い場がない提案はクライアントにもすんなり受け入れられたし、実際に居住者から何の不満も出ていない。むしろ時々気分転換に銭湯に出かけるのは楽しいとさえ言われる。

## 他者の気配を意識する立体路地

住戸と連続した「立体路地」は、個々のベランダと共用廊下を一体化した空間である(図4)。床面がフラットに連続し、大きな庇や軒が出ているため、いろいろなことに使われている。2階の住人は週末のブランチに使い、1階では日曜大工や自転車の手入れをしている。プランターで稲やトマトを育てる人もい

る。

　また、この立体路地は隣や向かいの住宅に囲まれているので、新旧の住民が距離を取りながらも挨拶を交わすような場所になっている。立体路地と呼んでいる所以である。

　地上から3階まで螺旋状につながっていく立体路地沿いに、いくつかのシェアファシリティを配置した。1階は食堂、半階上がったところに駐輪場、2階は共用ランドリー、3階はバーベキューテラス、といった具合に。

　シェアハウスから引っ越してきた方が半数ほどいる。「恋愛禁止」のシェアハウスに対して、2人で住める広さや他者とのつながり方をそのつど選べる、といったところに魅力を感じて引っ越してきたそうだ。そして、シェアハウス卒業組の彼・彼女らの存在によって、立体路地がより有効に使われているように思える。たとえば、住民交流会と称して数か月に一度、3階の路地でバーベキューをしていると聞く。

　また、2階の共用ランドリーでは住人全員が共用の洗濯機を使っている。はじめはちょっとした驚きだったが、たしかに、シェアハウスから来た人は洗濯機を持っていないのだ。そして他者と洗濯機を共有することに抵抗がない。それだけにとどまらず、洗濯、というモノや時間を介した間接的なつきあいが生み出されている。洗濯機が今空いているから使おうとか、誰それさんを久しぶりに見かけたなとか、他者の気配を意識する生活である。

## 新旧の住民をつなぐ食堂

　食堂は立体路地の始まりの部分に位置し、地域に開かれている。2方向に出入口を持ち、街路側はもちろん、半階上がった小上がり部分の奥に、アパート側の出入口がある。

　実は今、2代目のシェフがリニューアルオープンに向けて準備中である。オーナーが雇った初代のシェフは、アイデアとバイタリティに富み、「食は人や地域をつなげるメディアである」という考えの、楽しい方だった。独立にメドが立ったこともあり卒業されたのだが、彼女がいた期間には、料理教室、食と建築のトークイベントといった出費をともなう「主催事業」の他に、月1回のマルシェや投げ銭ライブのように、食堂側の出費がともなわないイベントも行った（図5）。これらのイベントは「食堂会議」（オーナー（＝クライアント）、シェフ、建築家（＝僕

021 | 地域に働きかける〈小さな経済〉をデザインするアパート | 仲俊治・宇野悠里

図4 2階の立体路地。右奥には共用洗濯機が見える

図5 食堂内のイベント。食堂は出入口を二つ持ち、レベル差の異なる二つの場を持つ

図6　マルシェの様子。アパートの住人や地域住民も出店した

ら)の3者が月2回のペースで行う会議)で議論し、役割分担をし、実行してきた。特に月1回のマルシェでは、回を追うごとに認知度が高まり、新旧の住民が軒の下に集まる、そんな光景が見られるまでになった(図6)。地域住民が小さなお店を開き、SOHO住戸の住人は「やってみたかったんだ」とコーヒー屋を出店していた。

**育ちつつある「地域のためになるアパート」**

　これまで述べてきてお分かりかと思うが、SOHO住戸、立体路地、食堂という三つの層で、いずれも地域を意識して設計をし、実際に関係を持つことができている。まちの事情に詳しいクライアントとともに「何をつくるか」から一緒に考えてきた。そして、竣工後もその関係を維持し続け、時には軌道修正を図りながらこの生活環境を育ててきた。そのプロセスの効果が現れているのだと思う。
　2代目のシェフが開店準備中の2015年11月中旬に、設備点検のために食堂の照明を点けた。道行く人やご近所から「次は何屋さんになるの？」「いつオープンするの？」など、口々に尋ねられた。SOHO住人は新しいメニューに対してリクエストを出したいという。「地域のためになるようなアパート」はまだ緒に着いたばかりである。

対話──仲俊治・宇野悠里 ×吉良森子・倉方俊輔
# 小さな地域の仕事から始める静かな革命

大きな理念や理想を掲げる「革命」は、現代社会の中でどのくらいの意味を持つのだろうか。仲さんと宇野さんの設計した「食堂付きアパート」では、設計者が竣工後も積極的に関わり続けることで、静かではあるが着実に、地域の姿を変えている。〈小さな経済〉の広がりが起こす〈静かな革命〉は、経済や政治の巨大な流れに負けない強さを持っていると感じられた。

## ■関わり続ける建築士

**吉良** 通常の建築士の仕事は建物が竣工したら終わりです。なぜ竣工した後もずっと関わっていきたいと考えられたのでしょうか。

**仲** 設計の初期に地域の「まちづくり協議会」を傍聴していました。木造密集地域を解消するための施策を行政が説明する会合です。でもハードの話ばかりで生活感がない。そこで、この建築が地元に何か働きかけられないか、そこからつくっていけないかと思ったのがきっかけです。クライアントは、前例がないので、維持していけるか不安がって、その気持ちはよく分かったので、維持管理に僕も関わり続けましょう、だからまちと関われる仕組みを考えませんか、という話をしたのです。報酬として利益の一部をいただくという約束はその後に出てきた話でした。

**吉良** でも報酬は重要な話ですよね。趣味じゃないんですから。そして、報酬をいただくということは責任を取るということですから、職能の拡大ですね。

**仲** そう思っています。たとえば、なぜ普通の間取りと違うのか、なぜガラスが多いのか、もちろん説明をして納得はしていただくんですが、でもそのことが、食堂とどんな関係があるのか、建物全体でどういう目標があってそれぞれの要素を操作しているのかというのは簡単には分からない。だから、僕たちも100万円出資したんです。そのくらい真剣に考えているから分かってくれ、と。銀行からの融資のタイミングで、大きな食堂にして収入を増やすか、総工費を減らすか選択を迫られたのですが、食堂は10坪で家賃15万円くらいの小ささを維持したかった。それくらいなら自分たちで運営できるのではないかと思い、設計料を100万円減額して食堂の事業費に回す形で出資したのです。

## ■小さな、とりあえず来た仕事から、革命を起こす

**倉方** このようなプロジェクトをやろうと考えた背景について聞かせてください。

**仲** 山本理顕さんらとの地域社会圏の研究を経て、「専用住宅ではないもの」をつくりたかった。産業革命以降、すべての機能は分化し、精緻化してきました。都市も機能によって分けられ、交通によってつなげることでつくられてきた。なんでもかんでも専門化して、間を機械的につないできたのです。都市だけでなく、金融や経済も同じです。そういう仕組みから生まれたものが専用住宅です。産業革命をきっかけに従業員の生活環境を守るために、郊外の田園都市や都市の集合住宅が発明されました。この二つのビルディングタイプはいずれ

も専用住宅です。だけど最近は働き方が変わってきたし、二足のわらじを履いたような仕事をする人も増え、情報革命も大きな力になっている。そういう時代に、プライバシー最優先の専用住宅をつくり続ける必要はないんじゃないかなと思いました。

**倉方** こういう小さな、とりあえず来た仕事から革命を起こしていこうというのは、根本的な思想は一緒でも、仲さんの恩師である山本理顕さんの攻め方とは対照的な感じがしますね。これまでの革命世代はもっと大きいところから入ってきた。そのあたりはどういう風に意識していますか。

**仲** 自分の延長線上でやれることの可能性ですね。「小さな経済」と呼んでいるんですが、生業の仕組みの変化をうまく捉えて開かれた生活環境をつくってみたかった。

**宇野** プロジェクトをやりながら深まったこともありますが、「小さな経済」が育っていて、働き方も変わってきているともともと思っていたんです。だからこの住宅に2代目・3代目に入ってくる人たちにも関わり続けたい。放っておいたら専用住宅になってしまうかもしれない。でも私たちはそうではないものを可能にするものをつくりたいと思っています。

**吉良** 自分たちで「小さな経済」の実例をつくるということですね。

**仲** 実例をつくっていますし、世間を観察して、事例採集もしています。

**倉方** そういう「小さな経済」や分化されない関係性みたいなものが実は社会には存在しているけれど、今まで建築はそれを無理矢理に分化させてきた。専用住宅など特化した建物をつくるのが建築設計者だと思われているけれど、今の社会や経済の流れの中では、ともすれば分化されてしまうようなものが入り込み、育つことができるような「孵化器」をつくることで、設計の職能の静かな革命をだんだん拡げていく。そういった、小さいところからつくっていくことにむしろ勝算があるんじゃないかという考えですね。

**吉良** そういう考え方で建築士が関わっていけば、分化させずに、つなぎとめられる、あるいはつなぎ直すことができる。事業者や投資家の視点だと分けたほうがいいという結論になってしまうけれど…。

**倉方** 投資家も専門分化された職能ですからね。建築士はそもそも分化されていない多様な立場になりうる職能だから良いんです。

**吉良** つなぎとめることこそ建築士ができることであって、その実例を自分たちでつくっていくことが、社会を変えていくきっかけになるんですね。

■ **半径数百メートル以内の関係性**

**倉方** 地域で孵化するという話は、どの地域でも可能性があるという理念ですが、とは言ってもこのプロジェクトはとてもドメスティックな話で、それが私は面白いなと思います。

**仲** それは心がけています。町医者みたいな気持ちです。僕たちの事務所も、ここまで自転車で来れるくらい近いんです。アパートをつくってまちに貢献すると言っても意味がわからないですけど、実際につくって、こういうやり方もある、一緒に考えよう、と示すような存在でありたいと思っています。地の利を活かしたい。工務店もすぐ近くです。何かあるとすぐ駆けつけてくれるようなことにこだわってみました。

**倉方** 半径数百メートル以内の関係性ですね。

**仲** そのとおりです。たとえばこのアパートの施工の時も、工務店のおじさんが僕に注意

宇野悠里さん(左)、仲俊治さん(右)

されてしゅんとしていたら、隣のおばさんが差し入れを持ってきてくれたりしました。その方は、いまだに小窓から厨房に差し入れをくれたりするんです。みんなの関心がかたちになったような建物になれば、たとえ自分の建物じゃなくても、自分の居場所だと認識してくれて、大事に使ってもらえる。そういうことにコミットしていきたいなと思っています。

**倉方** ただ設計を依頼されて、図面ができて、発注して、完成しました、ということではなく、近隣との関係性も含んで建築になっている。設計から竣工を通して関係性が変わり、深まっていった延長上に竣工後もあるという感覚。それから、距離感もとても重要ですね。すごく離れたところに事務所と工務店があったら、なかなか成立しない。近代になればなるほど、距離感は関係なくなると思われていたのが、実は距離が絶対的な価値になる。

**仲** そう思います。距離感をなくしていくデバイスはいっぱい出てきていますけど、今見直されているのは距離感です。建築にはそこしかないんじゃないかとすら感じています。実は駆け出しの若者も含め、設計やデザインなどの事務所も多いんです。商店街もそうですが、1人1人が頑張ってなんぼ、みたいな価値観で成り立っている。地域性の発露として、切磋琢磨して頑張っただけ大きくなれる希望、明るさを再現したいというのがあります。

**宇野** 商店街が今直面している問題は代替わりです。うまくいかないとチェーン店になっていたりする。辛うじて代替わりできた店のせがれたちとタイアップして、スタンプラリーをやろうかというような作戦会議をここでやったりする。食堂付きアパートができた結果、1人じゃないぞっていう感じになってきているんです。そのことにクライアントも喜んでいます。

**吉良** この建物によって、今まで高齢者しかいないように見えた商店街に、実は新しいクリエイターがいたことが分かって、次世代の可能性が可視化される。その結果、古い商店街と新しい人たちとのクロスオーバーによってさらに何か生まれる可能性が見えてくる、というわけですね。

**倉方** 東京って一様ではなくて、地方都市みたいなところもあるところが面白いんだけど、メディアの中に出てくる東京は、「ザ・東京」みたいな話ばかりですよね。でも実はいろいろなまちがあって、商店街のような古くさいものが急に新しいものと結びついたりもする。東京の持つ多様性は日本全体の多様性とつながっていて、この話も地方都市の商店街の可能性ともリンクする話だと思います。

(2015年11月10日、食堂付きアパートにて)

# SPEAC
# 多様なチームで
# 「建築に何が可能か」を考える

### 多様な人材が可能性を生み出す

　僕たちSPEACは「社会課題と事業課題を、空間と仕組みのデザインで解決する」ことを活動方針としている。不動産企画と建築設計をシームレスに融合して、空間や場の仕掛けをつくることで、事業者の抱える問題や社会の課題を解決してきた。

　SPEACのコアメンバー3人は全員建築学科出身だが、林厚見は経営コンサル、吉里裕也は不動産デベロッパー、宮部浩幸は建築アトリエ・大学教員出身で得意分野が異なっている。林は経営コンサルタントとしてキャリアをスタートし、さまざまな事業の組み立てや再生を見る中で企画の心得を体得した。吉里はデベロッパーのプロジェクト担当者として土地の仕入れから企画、設計の管理、完成後の運営、売却までをすべて現場で経験し、その中でプロジェクトを推進させるポイントを学んでいる。宮部は東大のキャンパス計画の担当者として日々歴史的な景観のリノベーションに向き合い、空間に流れた時間を分かりやすい価値として評価することの必要性を確信してきた。

　さらにSPEACやそれを取り巻くチームには多種多様な職種の人がいる。建築設計、不動産営業、ITコンサル、バイヤー、飲食店経営者など。過去の職業経験まで入れるとアパレルやスタイリスト、広告まで、実に多彩だ。

　こうした人たちがプロジェクトごとに連携して仕事が進んでいく。東京R不動産はその際たるものだが、それ以外にもR不動産toolboxという事業が生まれたり、宿泊関係の事業を模索したりということもバックグラウンドの異なる人たちの連携で起こっている。

　わざとこのような多様な人々を集めたのかというと必ずしもそうではない。建築分野にこだわらずひとつひとつの仕事に最適な人と組みながら仕事をしていく中で、徐々に多彩になってきたのだ。設計だけ、建築だけに閉じることがないように周辺領域に対して常にオープンなマインドでいることでいろいろな人とつながっていったのだろう。雑多な人材が多様な活動を生み出し、結果を出し、それがまた別のつながりを生むというサ

---

**SPEAC**
　2004年の創業以来、人をわくわくさせる空間や場の仕掛けをつくることで、事業者の抱える問題や社会の課題を解決してきた、建築・不動産企画、建築設計、不動産仲介を手がける会社。

イクルを大切にしている。

## 建築の「価値」とは何だろう

　僕たちがいつも意識しているのが、プロジェクトにとって建築の「価値」とは何だろう？　チームとして価値が出せるのだろうか？　ということだ。

　だから、設計やコンサルティングの仕事のときはクライアントとだけ向き合うのではなく、プロジェクトそのものと向き合い、目的を共有してそれに向かって併走するスタンスが良いと考えている。こうしたスタンスに立つという考え方は、僕らのチーム自体が事業をしているということや、チーム内に事業主サイドの厳しい判断を経験してきた人間がいることで生まれてきた。

　この考え方が一番分かりやすく現れているのが、設計のインセンティブ契約だ。これは、最低限のベースで契約し、事業がうまくいけば設計料が増えるという仕組みで、たとえば集合住宅で言えば完成後に稼働率が一定水準になるまでの期間でインセンティブ部分の設計料を決めるのだ。こうすると、事業主と設計者は事業の成功という目標を共有し同じ船に乗った状態になる。デザインの提案で常識的でないことを提案しても、僕らが事業の成功のためにそれを提案しているのだという前提が理解されているのでとても建設的に議論が進む。こうすることで仕事の立場を超えたチームとなり、良い結果もついてくるのではないだろうか。

## 建築に何ができるのか？

　こうした雑多なチームの中でも、僕たちは「建築とは何なのか？」という根源的な問いを背負って活動している。しかしその問いはあまりに根源的なので「建築に何ができるのか？」を考え、実践することに邁進している。

　その時に武器になっているのがマーケティング的なまちの見方だ。たとえば、不動産的な情報は僕たちにとっては地形やまち並み、風景などと同列の、建築を取り巻くコンテクストだ。まち並みや風景を調査してそれに対しての調和や対比をデザインするのと同じように、計画する建築が生み出す不動産的価値や経済効果を見ることで、その建築や運営がその場所でサステ

イナブルかどうか、ある程度の判断をする。建築は使われてこそ価値があると多くの人が考えているが、僕たちがしていることは、その使われるための条件を整理して、それを空間デザインに落とし込むということだ。

こうした作業はどのプロジェクトにも共通してくることだが、そうした中で僕たちが「建築で何をしたいのか、何ができたのか」を三つ書いてみたいと思う。

## 建築でソーシャルグッド

僕たちは建築によって社会にコミットしたいと考えている。

図1 橋端家。かなり傷んだ状態（下左）だったが、小さな庭の眺めを楽しめるゆったりとした宿（下右）に変わった

すでに日本は人口減少と縮退の時代に突入していて、空き家問題や中心市街地の衰退、郊外の衰退、行き詰まる公共インフラなど、この時代なりの社会課題がたくさんある。僕たちがプロジェクトに取り組む際は、小さなプロジェクトであってもそのソリューションがこうした社会の問題に対してなんらかの答えを示すものでありたいと意識している。

たとえば、長い間空き家になっていた建物に新しい使い方を提案する仕事をするのはこうした意識があるからだ。

「橋端家」(図1)は空き家になっていた住宅を宿泊施設として再生した例だ。金沢の企業と共同で運営もしている。金沢のような文化的で素敵なまちに住むことはできなくても、暮らすように旅することはできないだろうかということを考えた。かなり傷んだ状態だったが、小さな庭の眺めを楽しみながらゆったりと過ごせる空間に変わった。金沢のまちなかにはこの住宅のように使われていない町家がいくつもある。こうした住宅のこれからの使い方の一例を示した事例だ。

新たに使われる空間をつくり出したり、再生するのが僕らの仕事だが、社会問題を増長するようなことには加担したくない。だから、ワンルームマンションの設計の依頼が来ても、それがふさわしくないエリアで空き家を増やすような話なら別の案を勧めるし、それが通らないならば依頼をお断りするだろう。

## 建築でイノベーション

さらに、僕たちは建築あるいは空間によるイノベーションを生み出したいと考えている。新しいイノベーションは社会の課題を解決していく中にあるのだと、ポジティブに考えている。リノベーションの仕事が多いのは、空き家問題をなんとかしたいからという思いだけではなく、既存のストック活用だからこそ考えうる企画があるからだ。既存の躯体を用い、初期投資を抑えることでさまざまな事業を生み出す可能性がある。近年増えたシェアハウスやホステルはその際たるもので、僕たちもこうした企画や設計、時には運営にも関わってきた。

「タンガテーブル」(図2)は既存の建物のワンフロアをホステルに転用したものだ。北九州のリノベーションスクール[注]から生まれた企画で、自ら出資をし、設計に関わっている。ロープライスな宿にもかかわらず贅沢なカフェラウンジがあり、北九州の宝ともいえる旦過市場の食材を楽しめる宿だ。こうしたこ

注　リノベーションスクール：不動産の再生を通じてまちでの新しいビジネスを生み出しエリアを再生する実践的なスクール。運営は(株)リノベリング。

図2　タンガテーブル

とが事業的に成立するのは、既存建物を使って初期投資を抑えているからこそだ。

## 建築で紡ぐ

建築はまちの文化をつくり出すものだと考えている。まちの中のさまざまな活動はもちろん文化を形成しているが、ここでは都市・まちや建築に蓄えられた時間の話を取り上げたい。現代から過去まで、時間の奥行きが深く見えるほど都市が成熟しているように思える。奥行きという点がポイントで、全部新しいというのは言うまでもなく文化形成に時の試練が必要だが、ある時代の古い物だけで構成されていてもやはりダメだと思う。僕たちがまちなかの古い民家の再生を、大変なのは分かりつつもついついお手伝いしてしまうのは、こうした考えがあるからだ。

「時をかける家」（図3）は大正時代に分譲された住宅の再生だ。周りはすっかり建て替わって新しい家が並んでいる中に、このまちの始まりの頃を今につなぎとめているようにポツンと古い家があった。この家は賃貸向けに再生した。まちに蓄えられた時間が流れていってしまうのをなんとかつなぎとめることができた。現在からこのまちの始まりである大正時代まで、時間の奥行きを感じられる場所が残ったのだ。

## これからの建築家・建築士に求められる職能とは

世の中は変わり、建築をつくるだけでなく、使い方を考え、次の世代へとつないでいく時代へと変化してきた。その中で建築家・建築士の社会的役割や立ち位置はどんどん変わっていく。

図3 「時をかける家」外観

　今、景観やまち並みに対する関係だけでなく、そこで行われるアクティビティとの関係性を含む提案が重要になってきている。建築家・建築士／ユーザーのように、間に線があり、建築家・建築士が「先生」と呼ばれた時代から、目的を共有しフラットなチームで社会を変えていく時代に変わってきている。

　建築家・建築士には、シゴト自体の境界を曖昧にしつつ、これまでの領域にとらわれず、さまざまな立場で空間の創造に関わることが求められていると感じている。そんな中で僕たち自身も、どの部分を変え、どの部分を変えるべきではないのか、悩み続けていくだろう。

対話— SPEAC ×吉良森子
# ゆるやかな仕組みで、クライアントと並走する

SPEACの活動は、その持続性と展開性という点で突出している。それは、多様なバックグラウンドを持ったメンバーが「面白いこと」のアイデアを柔軟に出し合い、ヒエラルキーなく実践することで成り立っているからだ。そして、多様な経験値が積まれていくことで、その職能がどんどん拡がっていく。強い個性でSPEACを引っ張る吉里裕也さんと宮部浩幸さんにお話を伺った。

## ■結果的に生まれた組織論

**吉里** SPEACのコアビジネスは、建築の「総合病院」といえます。建物を見て、構造、間取り、法規、不動産としての可能性を総合的に見極めてアドバイスをする「建築企画設計」「不動産仲介業」、そして今は独立した「R不動産toolbox」の三つがあります。

**吉良** この三つがコアになったのはもともとそういう方向へ、というビジョンがあったからですか。それとも結果的なものですか。

**吉里** 結果的なものです。このダイヤグラム（右頁図）を見てください。組織論にはこだわりがあって、自分たちがわくわくする組織でいたいんです。内部から面白い企画やビジネスが自然発生的に次々に出てくるような組織が理想で、そうすれば僕らも飽きないんですよ。「toolbox」もそういう仕組みから生まれて、大きく育っていく可能性のあるビジネスのひとつです。

**吉良** 「結果的に」とはいえ、「自分たちの組織論だ」と考えてダイヤグラムをつくったのは意識的ですよね。

**吉里** ダイヤグラムは後づけです。基本はそれぞれのメンバーがある程度の自立性を持っている、ということです。何か新しいプロジェクトや事業の芽が出るときって、「やりたい」と言った本人が自分で進めるエネルギーがないと進まないんです。だからピラミッド型の組織ではなく、常に誰とでも前向きの議論をしながら面白いアイデアが生まれる土壌であり続けたい。

**吉良** これもやりたい、あれもやりたいっていうところから新しい事業が生まれて、その結果、ダイヤグラムのような組織が育ってきたということですね。

**吉里** そうです。いくつものアメーバが、大きくなったり、分裂したりしながら、ゆるやかにお互いが刺激し合ってやっているというイメージがあったので、それに近い絵を描いているんですよ。

## ■3人のシナジーが面白いことを生む

**吉良** もともと、そういう関係がいいよね、と考えていたんですか。

**吉里** どうですかね。やっていく中でそうなっていったかな。それぞれがそれぞれに刺激を与えるという構造はずっとありました。

**宮部** いろんな業種の人が入っているんです。設計をやろうぜって言って、同じ方向を向いてみんなで頑張っていったら、そっちは極まるけど、他にはあんまり伸びないですよね。R不動産の営業担当者は、もともとアパレルにいた人だったり、プログラミングをやっていた人もいたり、得意技も、普段見ているところも、

全然違います。違う方向を向いていてもいい。あっちに出っ張ったり、こっちに出っ張ったり、という状況でいろんなことが始まる。

**吉里** R不動産をはじめた僕と馬場（正尊）、それから林（厚見）が入って、そのあと来たメンバーも基本的には個人事業主なんですよ。最初は単純にお金がなかったので、仲介手数料は半分持っていっていいから、みたいな感じでスタートしたんです。上下関係がないがゆえにストレスを感じる面と、その結果僕らが想像もつかなかった面白いことが生まれる面と両方あるんですが、面白いこと、エキサイティングな状況が生まれる方を志向してきたんだと思います。「密買東京」注1をスタッフから提案された時も、ノーって言って彼らに離れられてしまったら、つまらなくなるから、じゃあここは一緒にやろう、みたいな…。割とそのたびごとの判断ですね。

**吉良** 誰がどうやって判断するんですか。

**吉里** 主に僕と、林と馬場ですかね。馬場は割と「それ、いいよねー」って推す感じで、林はロジカルに一緒にやる方法はないのか考えて、判断しています。

**吉良** なるほどね。3人のシナジーというか、バランスがうまくいっている。パーソナルな関係と力がゆるやかな組織をつくってきたということですね。

**吉里** たとえば最近、宿泊施設のプロジェクトを始めました。空き家問題もあるし、インバウンド需要の宿泊もあるし、ホットなネタですけど、今やっているのは、ひとつは古い民家をうちで借りて、工事費も自分たちで出して宿にしている。もうひとつはそれに合わせて予約サイトもつくる。宿をつくる時には宮部が設計で入って一緒につくって、サイトはR不動産のメンバーとつくる。ふわっとしながらも、チームみたいなものが生まれる。

**宮部** 営業や設計などに特化している人も

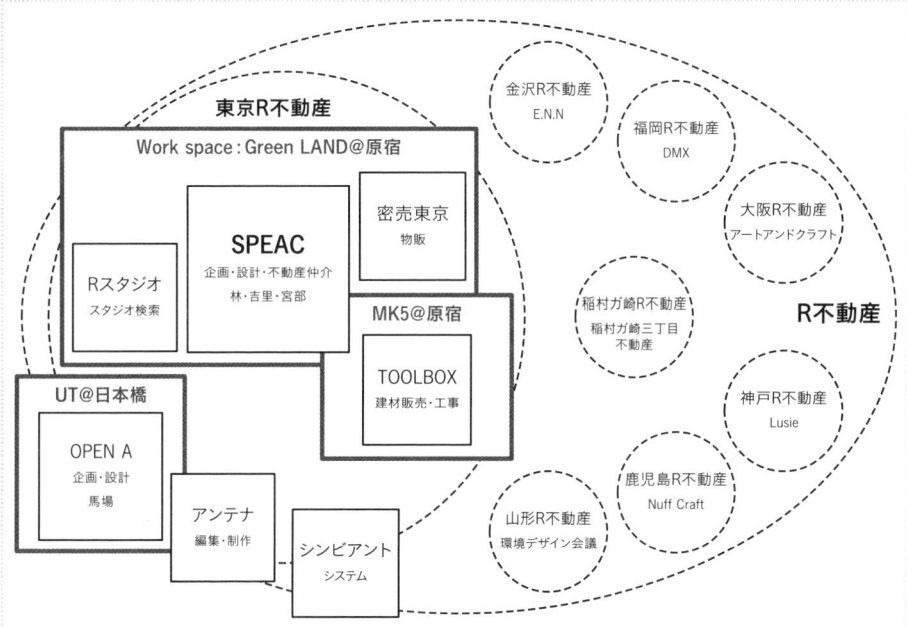

SPEACとその仲間たちの組織図

いるけど、いろいろやる人もいるんです。
**吉里**　俺はいろいろやる人だよ。
**吉良**　ゆるやかな仕組みの中で、いろんなスペシャリストが、誰かに雇われているわけではなく、それぞれが独立してやっているということですね。それぞれが事業主だから自立性が生まれるし、自然に責任も取る。SPEACのパワーとダイナミズムの秘密は、組織の成り立ちとあり方にあるんですね。

■ 持続性と展開性

**吉良**　この本のためにいろいろな方にインタビューしてきて、「これからの建築士」は、仕事としての持続性と展開性があるかどうかが鍵なのかな、と感じています。SPEACの活動ではひとつひとつの事業がきっかけになって次に広がっていく、ということがお話を伺ってよく分かりました。ひとつの強い切り口で勝負している活動は、なかなか持続的に展開していくことが難しいと感じることも多いのですが、SPEACの活動は、持続性と展開性という視点で抜きん出ていると思いました。これまでそういうことを意識してきたことはありますか。
**宮部**　設計の仕事はクライアントと設計者が向かい合ってやる仕事になりがちですけど、僕らのように仕事を頼んでくれる人と並走するやり方をしていると、並走するタイプの人がまた声をかけてくれるんですよね。でも建築だけをやっていたら並走できないと思うんです。やっぱり設計者は、建築のことを主張する側になるから。
**吉良**　デベロッパーが一方にいて、反対側に建築家がいる構図ですね。
**宮部**　フィーのもらい方も工夫して、プロジェクトがうまくいったら僕らのフィーが増えて、失敗したら減るようにする。そういう構造を少しでも入れると、プロジェクトのメンバーが全員同じ方向を向く。割と最初の頃からそういう仕組みを導入していました。
**吉良**　一緒に走る感覚を、実際の料金体系の方針としても示すということですね。
**吉里**　同時に、並走して目的を達成するためには、いろんなアイデアやイノベーションを提案し続けることが必要で、ヒエラルキーがない組織の方がいいアイデアが出る。
**宮部**　「こういうのがあったらいいよね」みたいなものを、ひとつはやってみる、という意識がチームの中にあります。たとえば宿ってこれから増えそうだけど、でもまだ宿ビジネスの経験値が自分たちの中にはなかった。じゃあやらないとまずい、となって最初にやったのが、馬場さんの家を宿にしちゃうことでした。僕らの会社で持っている小屋も宿泊できるように変えたりして、だんだんと宿というビジネスの肌感覚が分かってきた。そうすれば、ホステル事業者からこの物件でできるのかと相談を受けたときに、物件を見るだけでポイントが見えるようになるんですよ。
**吉良**　見えるようになったときに職能になるわけですね。
**宮部**　自分たちの経験値を養えるようにやってみて、肌感覚が分かるようになると、一緒に走れるようになる。

■ それぞれが持っている
　異なる問題意識を共有する

**吉里**　今の時代の問題を、全部気にしているわけじゃないんです。自分が気になっていることをどうやって解いていこうか、ということを3〜5年のスパンで自分の中で悶々と考えるわけです。たとえば「トライアルステイ」と言って、三浦半島の空き家を使って移住希望者を

<u>2〜3週間住まわせるプログラム</u>を最近やっているんです。僕らが物件を選んで、企画を立てて、募集するんですが、やっているといろいろ見えてくることがある。人口が減っているから当然空き家はどんどん増えている。目の前にある空き家に入居する住民を他から見つけてきても本質的な問題解決にはならないんです。用途を変えて使い道を変えるか、家は1家族1軒持つという概念を、家は三つ持つのが普通だという概念に変えるしかない。100m²以下の一軒家だったら、用途変更をして、Airbnb注2で貸してもいいし、ホテルにしてもいいし、店舗にもできる。リノベーションしたら600万円くらいでなんとかできるというようなことも含めて、その場で全部判断できる。そこで予約サイトみたいなものを持っていると、お客さんがやってきて、空き家が再生されるかもしれない。そんなことを夢想して、そこに向けて1個ずつ点を打っていくようなイメージですね。こういう課題意識は僕だけじゃなくて、宮部は宮部なりに、林は林なりに、馬場は馬場なりにそれぞれ持っていて、そこから新しいことが展開していく。

**吉良** 複数の目が開いていて、耳が聞こえているということですよね。ひとつひとつのプロジェクトにものすごく集中しながら、同時に、目の前のことだけじゃなくて、射程の長いところも感じ取っていく。そういう個人個人の力を組織としての力にできるSPEACの環境が鍵なんですね。決定やコミュニケーションの手順が決まっているピラミッド型の組織とは根本的に違う。

**吉里** そういう組織は合理的に大量生産で何かをつくっていくのであれば役に立つと思

吉里裕也さん(左)、宮部浩幸さん(右)

いますが、状況の変化が激しい時代にダイナミックに切り開いていくときには役に立たない。

**宮部** もともと、みんな空き家問題にも全然関心はなかったのに、僕が空き家問題のことをずっと言っていたら、いつの間にかみんなで一生懸命やっていたりする。みんながそれぞれ全然関係ない方にアンテナを持っているけど、みんな集まると、「こういう人に会った」とか、「あそこにこんなのがあった」とか、おばちゃんみたいにわーわーやっているんですよ。

(2015年11月11日、SPEAC事務所にて)

注1 密賈東京:SPEACが運営するオンラインショップ。ここでしか買えないモノや入手方法がよく分からないモノなど、こだわりの商品を集め、お気に入りのモノを密かに発見する楽しみを提供する。
注2 Airbnb:米国に本社を置く企業が2008年に設立した、宿泊施設を貸し出す人向けのウェブサイト。個人・法人を問わず物件を宿泊施設として登録、営業でき、世界で80万件以上の物件が登録されている。

## ツバメアーキテクツ
# 「社会構築」と「空間構成」を連動させる

### これからの建築士は何を設計するのか

「こんなことをやりたいのだけれど、どんな場所にしたらいいか分からない」。振り返ってみると、我々が今まで関わってきた仕事は、クライアントのこうした相談から始まることが多かった。近代につくられたビルディングタイプは、その場所ごとの用途を明確に定め、制度化し、目的から逸脱したアクティビティを制限する傾向にあった。その結果、人々のアクティビティは固定化され、どんどん生きる環境が窮屈になってしまった。経済の縮小、少子高齢化や人口減少などさまざまな問題を抱える中で、特に震災以降、こうした近代社会がつくった建築のあり方に対して不信感を持ち、これまでにない場をつくりだそうという人々が増えている。シェアハウスや地域に共用部を開放した集合住宅、施工から地域の人々の参加を促し協働を行うプロジェクトなど、そこでは「共有」という概念を軸にさまざまな取り組みが展開している。共有について考えると、その場所に関わると想定されるヒトやモノの量が一気に膨れあがるので、クライアントはどんな場所をつくればいいのか想像しづらい。かといって、近代がしてきたように、均質なヒトやモノを想定していてはだめで、それぞれが個性を持った固有のヒトやモノであるということを問題にしなければならない。これからの建築士は、こうした認識に立った上で、その場所に参加するであろうヒトやモノ、そこで行われるコトなど、空間の想定を洗い出し、その場所にそれらがどのような関係で社会を構築できるのかということを問わねばならないのではないだろうか。

### ラボとデザインを並走させる

こうした状況に対し、我々は「ラボ」と「デザイン」という二つの部門を掲げ、活動を行っている。「ラボ」は前述したような、プロジェクトに関わるヒト、モノ、コトの関係性の網目を整理し、その場所における社会の構築について思考する部門である。具体的には、リサーチやワークショップを行い、プロジェクト

---

**ツバメアーキテクツ**
2013年、山道拓人、千葉元生、西川日満里により設立。空間の設計をする「デザイン」と空間が成立する前の枠組みや完成後の使い方を思考する「ラボ」の2部門を掲げ活動を行っている。

の枠組みや与条件を整理する。「デザイン」は、ラボによって割りだされた枠組み、与条件をもとに、どんな空間がそこでの社会を成立させるかを思考し、具体的に設計に落とし込んでいく、空間の構成に関わる部門である。このように書くと、通常の設計事務所と何が違うのかという指摘があるかもしれないが、異なる部門とすることで、「社会構築」と「空間構成」という二つの軸を連動させ、活動していくことを表明する狙いがある。それはつまり、設計と同様あるいはそれ以上に、枠組みの設定や関係性の構築に重心を置いているということでもある。

## ヒト、モノ、コトの関係性を構築する

　こうした我々の活動を示す図法として、アイソメ図にその場所の名前、そこに関わるヒト、モノ、コトを網目のように並記していく方法を試みている（図1〜3）。何がどこに、どのように関わるのか、ここに示されたネットワークは、その場所を中心としたひとつの社会を示している。これは竣工時のネットワークなので、建物の運営が始まった後には、より多くの線がつながっていくことになるだろう。重要なのは、ここで描き出された社会のあり方は、そこに建築があることによって初めて描けるということであり、建築が事物の関係性を生み出し、調整することができるということである。だからこそ建築には可能性があり、豊かな社会、世界とはどんなものであるか示していくことができるのである。
　具体的に、我々が関わってきた三つのプロジェクトを次に紹介したい。

## 荻窪家族プロジェクト

　東京・荻窪に建つ地域開放型の多世代共同住宅のプロジェクトで、荻窪家族プロジェクト代表の瑠璃川正子氏によって構想され、建築家・連健夫氏によって設計がなされた。我々ツバメアーキテクツは、現場の施工段階で連氏に声をかけられ、共用部の使い方など、建物をよりよく使うためのアイデアを考えてもらいたいと依頼された。そこで我々は「事前リノベーション」と題し、入居を検討している人や地域の住民などを集めたワークショップを行い、そこでの意見をもとに竣工前から建物をリノベーションしてしまおうというプロジェクトを行った。

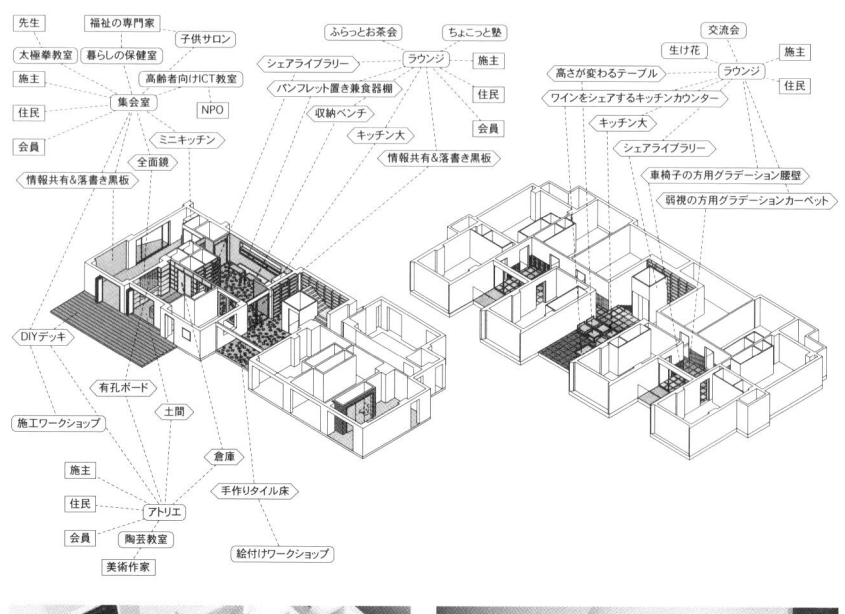

図1 荻窪家族プロジェクト
(上)アイソメ図 | (下左)ワークショップを反映した模型。新築だが、すでに何度もリノベーションが行われたあとのように見える | (下右)共用ラウンジ。床にはワークショップで作成したタイルが張られている(写真2点とも、©ツバメアーキテクツ)

それまで瑠璃川氏や連氏によって考えられてきた建物の想定を、もっと多くの人を巻き込むことによってさらに拡げてしまおうということである。使い方を考えるワークショップを規模を変えながら計5回、実際の施工に関わるワークショップを計2回行った。その結果、高齢者が使いやすいような対面式のカウンターや、視認性が高くなる床と壁の色の切り替え、情報共有や子どもの落書きができる黒板など、随所に小さなアイデアが詰まった、すでに何度かリノベーションが行われたかのような空間が生まれた。同時に、竣工前から建物の使い方をよく知っている人々を生み出すことができた。竣工後にはこれら小さなアイデアの設えにひもづいて、住民、地域の人々、NPO団体などさまざまな主体が関わり合い、多種多様な使い方や企画が実践さ

れている。また、設計時には想像もしなかったような企画もなされており、自発的に活動が展開していく状況をつくれたことが、事前リノベーションの最も大きな成果であったと感じている。

## 高島平の寄合所／居酒屋

東京・高島平の寄合所兼居酒屋の計画。高島平は1956年に日本住宅公団が土地を買収してマンモス団地を建設して以来、都心への接続のよさから多くの若者が住む新興住宅地であったが、現在は住民の約半数が65歳以上という深刻な高齢化が進んでいる。幼少期を団地で過ごしたクライアントは、団地の多くの住民に面倒を見てもらいながら育った。現在ではお世話になった人たちに何か恩返しをしたいと、電器屋を経営しながらお店の一部を地域に開放し、住民の会話や習いごとの場所を提供したり、遠出のできない高齢者のためにお取り寄せを行うなどの活動を行っていた。こうした活動を本格化するために、「旦那さんが営む居酒屋の昼間の閉店時間を活用し、地域の寄合所にで

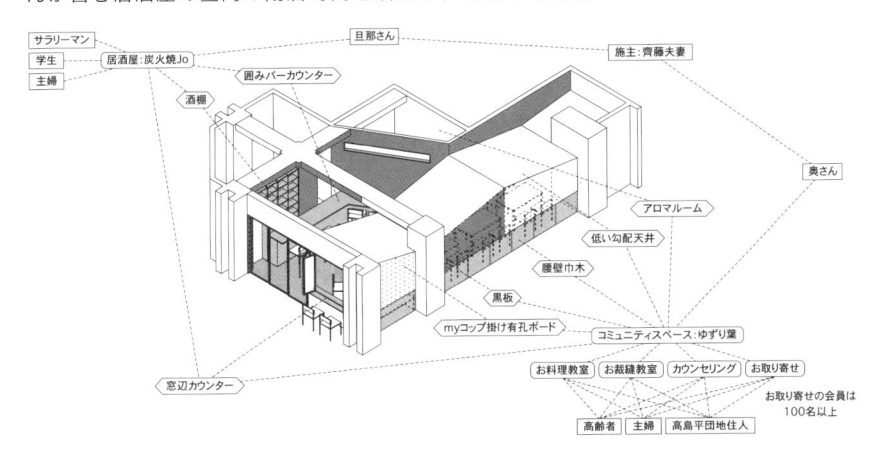

図2　高島平の寄合所／居酒屋
(上)アイソメ図　｜　(下左)昼。寄合所の様子(©ツバメアーキテクツ)　｜　(下右)夜。居酒屋の様子(©Chiaki Yasukawa)

きないだろうか」というのが夫妻とともに構想したストーリーである。限られたスペースの中で二つの用途を成立させるために、まずそれぞれの用途に必要となる設えを左右の壁に振り分け、天井高を変化させることで寄合所としてのアットホームな雰囲気と居酒屋らしさを共存させた。さらに、居酒屋のカウンターと寄合所の窓辺カウンターを対角に設え、全体に囲みをつくる平面構成とすることで、異なる空間でありながらも時間帯によって互いの空間が拡張し、一体的な空間としても使えるような計画とした。タイムシェアという考え方を動員することで、異なる取り組みが展開されるこの施設は、普段は出会わない住民同士を結びつけ、新たな地域社会を生み出している。

## 写真の家

建築家・鈴木喜一氏設計の建物の一室で暮らす写真家のクライアントは、その建物への敬意から、自らの生活のための場と

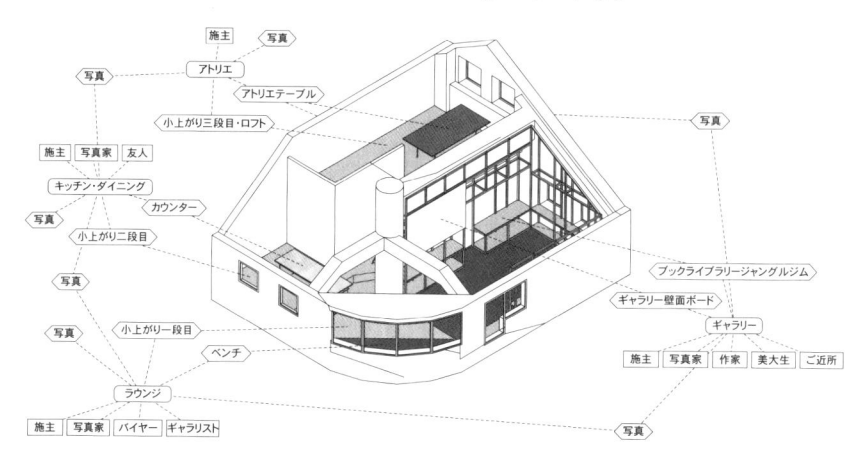

図3 写真の家
(上)アイソメ図 ｜ (下左)ギャラリーから窓辺のソファを見る(©ツバメアーキテクツ) ｜ (下右)ギャラリー。写真展示時の様子。パネルを取り外すと本棚になる(©Yasushi Nagai)

してだけでなく、多くの人が訪れられる場所として建物を開放する方法を考えていた。そこで、写真家という職業から構想されたのが、住居にアトリエとギャラリーを併設させるという計画であった。既存の部屋は、コンクリートの円柱が中心に落ち、そこから四方に延びた梁が大きな屋根架構を支えるという構成になっていた。この構成を活かして、柱を中心に平面を四つの領域に分割するようにレベル差をつくり、入口から螺旋状に「ギャラリー」「ラウンジ」「キッチン」「アトリエおよび寝室」が連続する計画とすることで、プライバシーを確保できるようゆるやかに空間を分節している。そこにそれぞれ、展示壁をつくる格子、窓辺のソファ、キッチンカウンター、作業用テーブルといった居場所をつくりだす家具を設えた。入口側の「展示」機能と一番奥に位置する「製作」機能を結ぶ写真を中心とした空間の中に、「食事」や「団らん」などの活動が展開できる場所をつくりだすことで、たとえば写真の展示を見たあとにベンチで製作者と話したり、展示に際してシンポジウムを催し、キッチンカウンターで懇親会を行うなど、写真を媒介にしてさまざまな取り組みが展開し、人どうしを結びつけていく場所となることを期待している。

## プロジェクトサステイナビリティに向けて

　ここで紹介した「荻窪家族プロジェクト」「高島平の寄合所／居酒屋」「写真の家」はすべて、これまでの集合住宅や店舗、住居といったビルディングタイプの用途を超えて人々の活動が展開していくプロジェクトである。我々がここで行ったことは、空間の設計だけでなく、建築することを通して、その場所を取り巻く事物のネットワークを整理し、見える化していく作業であったと思う。建築を介してその場所の仕組みを理解できるようにしておけば、新しい活動がどんどん展開していくような、持続性の高い空間をつくり出せるはずである。そのためにもこれからの建築士には、プロジェクトの立ち上げから、完成時にどのような関係性を構築することができるか、さらにはその後どのように展開していけるかまで、時間的尺度を持った取り組みが必要である。「社会構築」と「空間構成」を連動させることによって、何かの目的に特化してその他の活動を制限してしまうような窮屈な建築ではなく、いつまでも進行形でいられるような、持続性の高いプロジェクトをつくり出せるのではないだろうか。

## 対話―ツバメアーキテクツ ×吉良森子・佐々木龍郎
# 空間の使い方のダイアグラムが生む新しい建築のつくり方

「社会構築」と「空間構成」の連動とは、建築の設計だけでなくその場にまつわる社会を構築することであり、ツバメアーキテクツはそれをアイソメ図により可視化している。これは、柔軟な使い方や設計変更を可能にする施主と設計者のコミュニケーションを促進する試みであり、オープンソースとして広がる可能性も十分ある。若い彼らは今後これをどう進展させていくのだろうか。

### ■施主と建築士が共有できるインターフェイス

**佐々木** 「社会構築」と「空間構成」というキーワードとアイソメ図による明快なインフォグラフィックの組み合わせが興味深いですね。

**山道** 建物の完成がゴールではなくて、完成した後も持続的に活発に使われている姿が大切だと思うのです。空間の設計はもちろんするのですが、同時に関係図のようなものを描いています。関係図はどんどん足したり描き換えたりできるフォーマットなので、完成した後に新しい使い方が出てきたら関係図の枝葉が広がっていく。変わっていくことを肯定しながらも、それがめちゃくちゃになるのではなくて、空間の物理的な拘束条件にひもづきながら拡げていけるとか、新しい使い方を見出していけるとか、建物が完成した後のある種の指針になっていくと思います。

**吉良** 施主と建築士が共有できるログになっているということですね。それが、施主と建築士との1:1の関係を超えて、世の中に広まっていくようなイメージはありますか。

**千葉** 近代が物事を均質に捉えていくことに対して、僕らのアプローチは時代的にも人とか物が固有であることからスタートしていて、そこに組み上がる社会性をネットワーク図として描き上げていっているので、一般に拡げるときにその個別性は外せないのですが、考え方や整理の仕方自体は使えると考えています。

**山道** 物理的な空間のかたちとともに関係性のかたちも取り出せると考えています。プロジェクト自体は個別性が強いものですが、たとえば両サイドに二つの中心をつくるといった空間の使われ方のかたちの共通性を取り出したりすることはできます。視覚芸術と異なるフォームを提示することができれば、それがこれからの空間のバージョンアップにつながると思います。そういうことを、これまでは言葉で説明していたのですが、図の方がはるかに理解してもらいやすいですね。文章だと修飾語が多くなってきて、物語的になってきてしまうのですが、図にすることで施主と設計者以外でも理解できる状況になるといいと思っています。空間のつくり方だけではなく、使い方の関係の提示も含めてプロジェクトだと考えているんです。

**佐々木** その時に怖いのが、うわべだけインフォグラフィック「的」に見せたり、皆さんがやっているものより劣化したものがオープンソース「的」に扱われていく可能性です。その場合にコミュニケーションや空間更新の手法を正確に世に広めていくための手だては考えているのでしょうか。

　確かにアイソメ図は空間構成を把握しやすいし、寸法もきちんと追えるから、私も最近学

生にどんどん描けと言っているんですが、いつまでもベクターで描いたアイソメ図でいいのでしょうか。

**千葉**　これは、最初のトライアルとして描いているもので、今まで空間の使い方とか人の関係とか建築の表現に持ち込んでこなかったものをどのように見える化できるか、描き始めてみたところなんです。

**山道**　僕ら自身がこの図を使ったり、データとして再利用しながら、組み上がってきたり、発見できてきたものの意味を考えるのが、次の段階かもしれないです。クライアントさんが発明した使い方を改めて図にして重ねてみるとか、次につながるものが見えてくると思います。

**吉良**　クライアントが自分で描き直せるようになると面白いですね。この図に手書きでどんどん描いてもらうとか。

**山道**　描き手によっても違ってくると思います。何が大事なのかは十人十色ですから。

**佐々木**　クライアントと建築士とのすごく良いインターフェイスになりそうだけど、一方で設計者のアリバイづくり的に使われてしまう可能性もありますよね。

**山道**　設計者と施主とがお互いに描き込み合うようなダイアログとしてやりとりができれば、その抑止にもなると思います。

**佐々木**　空間が使われているという現場の話を吸い上げて次に飛ばしていくという意味でも、つくり手も使い手も共有できるかたちでログをきちんと取り続けていくことが大切で、その点でも今の皆さんのアプローチは可能性がありますね。

■ **情報インフラをうまく使い、
　ネットワークを持続させる**

**千葉**　持続性のことも気にしています。空

千葉元生さん（左）、山道拓人さん（右）

間を使っている状態をお施主さんも把握できていることが大切で、使っていくための関係性の把握が、使われ方の展開につながると思っています。

**佐々木**　持続性のある状態というのは、具体的にはどのような状態をイメージしているのでしょうか。

**千葉**　関わり続けていくことではないと思っています。ある程度のところまではもちろん僕らも一緒に走るのですが、僕らがいなくても持続するようになってほしい。それは、プロジェクトと言っているものの単位が僕らから離れていってもネットワーク状態が維持され、均衡している状態です。

**吉良**　ネットワーク状態ができているということが均衡している状態ということなのですか。

**千葉**　建物ができること、つくることを経て、その場所を取り巻く事物のネットワークを整理し、ある均衡状態をつくり出せればと考えています。建物や特徴的な空間構成がいろんな人を結びつける結節点になっていくイメージです。

**山道**　それまで何となく行われていたクライアントの活動が、空間を通して見えてくるんです。だから、いろんな活性状態が起きるベースはあくまでも建築で、いつでもそこにフィードバックしながら考えていきたいと思っています。

**佐々木**　そのような持続的な取り組みは、どこでもできるものなのでしょうか。たとえば遠隔地などではどうするんですか。

**千葉**　今、実際に鳥取では、地元のリノベーションの中心的プレーヤーで施工もできる人と協働しようとしています。

**山道**　鳥取と東京のプレーヤーが組むことには目的があります。鳥取のプレーヤーも東京とコネクションをつくりたくて、僕らも地方とコネクションをつくりたいので、お互いにとって良い循環が起きるんです。車で何時間もかかる隣町より時間的には東京の方が近かったりするし、データのやりとりなど、インフラを選べば地域と十分にやっていけると思います。

**佐々木**　インフラをうまく使えば地方でも持続的に、地域に入り込んで振る舞えるということですね。

**山道**　そうですね。お互いにネットワークも広がるんです。地方では、地元の縁の強さの一方で弱みもあって、新しいアイデアが出ないとか、近隣と反発しあっていて広がりがないとか、海外から人を呼びたいけど単独では無理だとか…。鳥取のある地域ではじめたら、隣のエリアからも相談があって、よく聞くとエリア同志はつながりがなくて、逆に僕らが間に入ることでつながりができてくる、ということになりそうなんです。

**佐々木**　化学反応が起きる意味で他者が入ることはいいことで、それが可能になるのもインフラが相当変わってきているということが大きいですね。

**山道**　1995年に伊東豊雄さんが「せんだいメディアテーク」のコンペに勝ったときに、メールが使われ出して、情報の速度がすごく上がった。伊東さんが「メールのやりとりの中ですでに建築が建っている」と言っていたのをどこかで読んだ記憶がありますが、今はそれをバージョンアップできると思っています。荻窪プロジェクトでも3Dで立ち上げて、出てきた意見をそのまま3D上で反映させて、事前にリノベーションしていくということをやっています。時間も空間もインフラが整うことでさらに自由になってきたと思います。

## ■建築の定義を更新する

**佐々木**　そういった、つくるためのダイアグラムだけではなく使うためのダイアグラムを使って、将来的にどんな建築士像を目指していきたいですか。

**山道**　ネット上で展開するコンテンツのスピード感と広がりというのを、建築設計でそのままやるのは難しいにしても、関係性をデザインしていくというアプローチはそのスピード感や広がりと接点を持てると考えています。建築とネットワークの二つの時間軸を組み合わせて設計できると、建築設計自体がダイナミックに変わらなくても、建築自体は変わっていけると思うんです。

**佐々木**　つくるという行為は遅い行為で、使うという行為は速やかな更新性があるということですね。

**山道**　そうです。言い換えれば空間の再生産の仕方を考える時代だと思っています。ネットを活用して声を届けて事を起こしていく時代ということは、自分たちのつくった世界観や方法論をスピーディに再生産させていけるわけで、その時に建築だけが変わることができないのはもったいない。関係性のデザインで建築もいくらでも変わることができると思っています。

**佐々木**　そうなるとスタイルをつくって囲い込んでいく建築士像ではないんですよね。

**山道**　事前リノベーションとかをやっていると、新築を頼んできてくれる人がいます。空間芸術とは別なかたちで建築が認められ、求められている。こうして建築の定義が更新されていくんだと思います。

**吉良**　建築の定義を更新したいと考えているんですね。

**山道**　リアリティを持てるかたちにしたいんです。建築基準法なども現代に合っていない部分があると思いますし、建築界自体も閉じていて更新されていかない。それに建築教育の現場の議論だと、資本主義も、広告代理店も、商業建築も悪者で、全部敵にまわしがちですが、現実的には目の前にある要素なのです。だから、全部を利用して新しい状態を構築したい。というか世の中にはそれがすでに構築されているけれど、それを認識しようとしない限り、すべてがばらばらのまま進んでしまうと思います。

**佐々木**　その認識は設計者側もそうだけど、発注者側の建築士にも持ってもらいたい話ですね。そして、建築がとても信頼できるものだということを使う人たちにも実感してもらうことが大事ということですよね。

**山道**　はい。建築をつくったりする施主だけではなくて、そこを使う人に僕らがつくるプロジェクトを享受してもらえるといいと思っています。その享受の対象がさまざまであればあるほど、プロジェクトの輪郭がいろんな人にタッチしていけるような状態になるので、そのような活性状態をつくりだしていきたいと思っています。

（2015年11月12日、ツバメアーキテクツ事務所にて）

チーム・ティンバライズ
# 川上から川下までのネットワークを構築し、都市木造を実現する

## ティンバライズとは

　ティンバライズ〈timberize〉とは、wood（木）やlog（丸太）に対し、人の手によって加工された材木や製材を示すtimberから考えた造語である。伝統や慣習にとらわれず、技術開発や法改正等によって新しい可能性が広がってきた「木」と「建築」と「都市」の近未来像を、技術的裏づけを持って描いてみよう、という活動のスタートにあたって考えたチーム名称である。

　日本では第2次大戦後、都市不燃化と山林保護のために都市部での大規模木造が禁止されてきたが、2000年の建築基準法の性能規定化によって、必要性能を満足すればどこにでも、どんな用途でも木造建築をつくることが可能となった。戦後植林された人工林の伐期も近づいている。にも関わらず、世の中には木造のオフィスビルやマンションが建つ気配が見えないのは、なぜなのか…という疑問から、2002年頃より、研究者・設計者数

**チーム・ティンバライズ**
　2009年、「木」を新しい材料としてとらえ、伝統や慣習にとらわれることなく新しい可能性を模索し社会に広く提案することを目的として結成、2011年にNPO法人化。理事長の腰原幹雄をはじめ、小杉栄次郎、安井昇、八木敦司、内海彩、加藤征寛、久原裕、山田敏博、佐藤孝浩、萩生田秀之、樫本恒平らを中心に活動している。2011年「ティンバライズ建築展—都市木造のフロンティアおよびteam Timberizeの活動」で「木の建築賞」メンバーズチョイス賞受賞。

図1　「下馬の集合住宅」外観（©淺川敏）

名が集まり、中高層木造の実現に向けた研究会を開催、それがティンバライズの前身となっていった。その頃の活動は、青山・表参道近辺に木造オフィスビルや商業施設などを試設計し、実現に向けて必要な技術や検証すべき項目を挙げ、機会があれば専門家を招いて話を伺うというものだった。ある時、研究会の活動が小さな新聞記事となり、それに目を留めた方から「木造マンションが可能ならぜひ一緒に挑戦したい」という問い合わせがあったのが2003年末のこと。「下馬の集合住宅プロジェクト」の始まりである。

## 社会の枠組みから抜け落ちていた中高層木造

「下馬の集合住宅」は1階をRC造とする5階建ての木造集合住宅である（図1、2）。2003年当時、先行する中層木造の事例はなく、実現に向けて、研究会メンバーを中心とした設計チームと材料メーカーで構成されるワーキンググループで柱・床・屋根の耐火部材の国交省大臣認定を取得し、構造評定を受けた。耐火・構造以外にも、外装材や防水材の選択、カーテンウォールやサッシの取り付け、エレベーターの設置方法、設備計画と各部の納まり、床遮音など検討事項は多岐にわたり、さまざまな

図2 「下馬の集合住宅」4階内観（©淺川敏）

協力者との連携が必要だった。

　しかし、設計を進めていく中でより厳しく突きつけられたのは、「住宅以外の中層木造」というジャンルが、建設業界内で長らく顧みられてこなかったばかりでなく、その外側の社会のさまざまな枠組みからも抜け落ちているという事実だった。「下馬」の場合も、中層建築物として必要な性能を十分満たしている旨を説明しても、融資の枠組みとして「木造といえば戸建住宅か2階建てアパート」としか想定されていない金融機関がほとんどで、思うように融資を受けられず、プロジェクトは中断してしまった。

　その頃、一般の方からは、「本当に木造5階建ての集合住宅が実現したら住んでみたい」という声も多かったが、思い浮かべている姿といえば五重塔のようなものだったりすることも少なくなかった。日本は近世まで世界最大の木造都市を築いてきたにも関わらず、わずか数十年間、都市から木造が排除されたために、多くの人は、今暮らしているまちに中高層木造が建つのをうまく想像できない、というのもひとつの発見だった。また、木や木造に対してのネガティブな意見は、大抵の場合は火事や地震への心配から出ているということ、しかし、耐震・耐火性能を持つ木造建築が技術的にも可能になってきているのはまったく知られていない、ということもよく分かってきた。

　そういった経験から、中高層木造を実現するには、さまざまな分野の専門家と協力して技術的課題をクリアしていくのと同時に、建設業界や木材関係業界内にとどまらず、一般の人にも広く木造建築の可能性を伝え、「建ててみたい」という意識を共有すべきではないかと考えるようになっていった。

## 木造建築の可能性を伝える展覧会

　そこで最初に企画・開催した展覧会が「Timberize Tokyo Exhibition　都市の木造建築展」である（2009年12月5日〜25日）。ここから「ティンバライズ」という名称での活動が始まった。この展覧会では、2002年頃の研究会のように、表参道に七つの敷地とビルディングタイプを設定して試設計し、発表した（7project）。各プロジェクトのコンセプト・デザイン・技術的背景を解説するパネルと1/50模型を展示したが、専門家の目には見慣れている建築模型も、通りすがりの一般の方には、いまひとつピンとこないようであった。

図3 「ティンバライズ建築展—都市木造のフロンティア」会場風景（©淺川敏）

　そして2010年5月「ティンバライズ建築展—都市木造のフロンティア」の開催に至る（図3）。〈都市に木造ビルを建てられることを知っていますか？〉というのが、この展覧会で投げかけたメッセージだ。「中高層建築に必要な性能を備え、都市を構成する建築となりうる木造」を〈都市木造〉と名づけ、展覧会タイトルに含めた。会場となった青山・スパイラルに杉合板を敷き詰め、7projectが表参道に建ち並ぶモンタージュや実物大モックアップで都市木造を体感する空間をつくり出し、その普及の先には、森林では営林サイクルが動き出し、都市は$CO_2$を固定する第二の森になり、木という材料を媒介として都市と林産地が大きな循環の輪でつながる未来像が描けることを示した。スパイラルでの展覧会には10日間で1万1千人余りの来場者があり、その後2012年にかけて静岡、名古屋、札幌、福岡を、2015年には台湾3都市（台中、台南、台北）を巡回した。また、2014年には、2020年の五輪開催地が東京に決定したのを受けて、「Timberize TOKYO—都市木造が東京を未来につなげる」を開催。2020年以降の都市の未来像への道しるべとして、競技施設や関連施設の木質・木造化の可能性を提案し、東京（新木場）、秋田、広島、大阪を巡回した。地方巡回展では、地元の木材関係者や建築家、大学研究室の学生などを巻き込み、それぞれの都市を舞台にした都市木造の提案や、木造建築の模型展示、トークイ

ベントを企画し、木を通じてさまざまな人的つながりが生まれる場をつくってきている。

　「木」を取り扱うにあたっては、それを支える業界が、林業、製材業、建設業、木材加工業、消費者など多岐にわたるため、川上から川下までの一連の流れの中でその価値を考えていかなければならない。また、木材の活用は、国内森林資源、地球環境問題などさまざまな分野に影響を及ぼす。

　展覧会活動等を通じて生まれたネットワークを多様な活動に結びつけ、社会に寄与していくことを目的として、2011年にNPO法人を設立した。発足時は理事14名のみの団体だったが、2015年現在の会員数は正会員115名、賛助会員16名(社)、所属内訳は、大学・研究機関、設計事務所、施工会社、建材・材料メーカー等である。活動内容は、展覧会・セミナー・見学会の開催、書籍の発行、さまざまな団体との共同研究開発や研究会の開催、木造建築の設計やコンサルティングなどで、理事を中心に活動を展開してきたが、会員との協働プロジェクトも増えてきている。

## 都市木造の実践とティンバライズのこれから

　スパイラルで最初の展覧会を開催した2010年は、「公共建築物等木材利用促進法」が施行され、中大規模木造への追い風が吹き始めた年でもある。長らく中断していた「下馬の集合住宅」も国土交通省の「木のまち整備促進事業」に採択され、2013年9月、竣工に至った。準防火地域に建つこの集合住宅では、鉛直力をうける柱・床と、水平力に抵抗する木斜格子を明確に分ける工夫によって、構造材を現しにした被覆型耐火木造を実現した。狭小・変形敷地で、内部空間の広がりを持たせるべく建物外周にぐるりと彫り込まれた階段は、都市に開かれた共用部となり、建物外観を特徴づけている。現場見学会や内覧会にはいずれも300名ほどの参加者があり、新聞・雑誌などさまざまな媒体を通じて、都市木造の現実的な可能性を広く世の中に発信することができた。

図4　赤羽の集合住宅(©淺川敏)

図5 都市木造のイメージ(©team Timberize)

　また、その翌年の2014年12月には、赤羽の防火地域に建つ木造4階建ての「赤羽の集合住宅」(図4)が竣工した。ハウスメーカーが開発した木質パネルや構法を用いて社外の設計者や施工者が非住宅木造を建設できる「新しい仕組み」づくりに取り組み、この構法としては初めての1時間耐火建築物として実現した。軽量・高強度な木質パネルの利用は、杭基礎工事費の削減や現場作業工程の短縮も期待でき、誰もが使える材料・構法となることで、中層木造建築の普及にも寄与するだろう。

　「下馬」や「赤羽」のような都市木造の実践は、展覧会と並ぶティンバライズの活動のひとつの大きな柱だが、そこには、施主の理解や設計者の努力だけでなく、新しい木造に挑戦してみようという施工者やそれをバックアップする技術者、材料供給者の存在が必要不可欠である。

　都市木造という未成熟な分野がひとつの選択肢として世の中に根づき普及していくためにティンバライズが果たせる役割は、川上から川下までのさまざまな人的ネットワーク構築や都市木造に関する基礎情報を蓄積するプラットフォームとなっていくこと、そして、それらを踏まえた都市木造の実現や展覧会活動を通して、都市木造が描きうる近未来像を提示していくことではないかと考えている。

対話―チーム・ティンバライズ　×倉方俊輔
## 木造から都市のシステムを変えようとする、多分野の集まり

2020年の東京オリンピックは東京の都市像を大きく変える契機だが、いまだ単体の建築についての議論が目立つように感じる。しかし、たとえばオリンピック会場に大量の木造建築ができるとしたら？　そこには多様な産業を巻き込んだ全国的なつながりが生まれる。従来の価値観にとらわれず、都市木造を本気で実現させようとする取り組みに、日本の風景を一変させる可能性がある。

### ■未開拓の世界のビジョンを描く

**倉方**　チーム・ティンバライズというグループの特徴って、何だと思いますか。

**山田**　立ち上げメンバーには、それまで木造をバリバリやってきた人が実はあまりいないんです。だから、むしろこれまでの木造とは違う新しい木造を最初から志向して、活動しています。これまでの木造にとらわれていない状態から始めているというところが特徴ですね。

**安井**　私たちの提案するものは、最初に意匠のデザイナーの人たちが、とりあえず防火規制のことは置いておいて自由に絵を描いています。今の建築基準法は、ほとんど防火規制でいろんなことができなくなっているので、それを取り払ったときに、何をつくりたいかというのを最初に描いているのが良いのではないでしょうか。

**内海**　私は「下馬の集合住宅」が初めての木造建築の設計だったんですが、「下馬」は梁がなく、分厚いフラットスラブを柱が直接支えている建物なんですね。在来軸組からスタートしていたらそういう発想をしなかったかもしれないな、とは思います。

**倉方**　木造が面白そうだと思ったきっかけも、それぞれ違うのではないでしょうか。

**小杉**　僕はすごく単純なところから始めました。純粋にまちなかに中高層や大規模な木造がなかったので、クリエイターとしてそういう建物を設計してみたいというのがきっかけでした。それで、一緒にやろうと声をかけたのが、そもそもの始まりですね。やってみるとそう甘くはないし、山の人とのつながりなどもあって、足を突っ込んだらなかなか抜けられないんですが、やる意義は大きいと思っています。

**山田**　僕も似ていますが、今まちなかに建っていないものを建てたいという想いがそもそもありました。鉄やRCの建物はまちにあふれていて、なかなか面白いと思えなかった。でも木造でこれをやったら、まだ誰も見たことのない風景を見ることができるかも、という予感や願望みたいなものがあって、それが最初のモチベーションだったと思います。

**加藤**　私は構造設計が本職なんですが、木造ってRC造やS造に比べて規基準が発展途上なので、逆に言うとそこにまだすごく可能性がある。最初はそれが面白いと思いました。さらには4寸角という規格の部材は本当に適切な寸法なのかとか。実際4階建てを設計してみると下層の階では軸力が大きくなって4寸角はあまり使わなかったりしますから、そういった寸法の見直しもできますね。

**倉方**　合理性を新しく定義できる可能性が、まだ十分にあるわけですね。

**久原**　木というのは、モダニズムの建築ではあまり使われない材料ですよね。すべてをコントロールして建築をつくっていこうとする

モダニズム的な姿勢に対して、木というのはそれぞれ性質も違いますし、管理も難しいですから、意図的に排除されてきた材料なのかなと思います。なぜ排除されてきたのか、あるいは木にどういう特徴があるのかということをひとつひとつ考えていくと、これまで実は考えてこなかった建築の可能性があるんじゃないか。そういう可能性を表現していきたいというのが一番大きいですね。それは木造建築だけじゃなくて、私が建築を考えるときの基本スタンスにもなっています。

萩生田　僕は、2009年の最初の展覧会の後にメンバーになったんです。僕も構造設計をやっていますが、大学では木造の研究室だったんですね。親が工務店をやっていて、大工さんが近くにいた影響もあるんですけど、大学の頃から木が好きな人たちが周りにいたわけです。ただ、木造の研究室は、ハウスメーカーがお金を出してくれることが多いので、デザインはほとんど二の次という中で育ってきた。でもやっぱりそれだけじゃないだろうと。そんなとき、こういう活動をしている人たちに出会って、僕も一緒にやりたいと思いました。

安井　2000年に法律が変わって大規模建築物を木造でつくれるようになったんですが、みんなどんなものを社会が欲しているか、よく分からなかった。研究者の立場でも、何を技術開発すべきかということがよく見えていないんですね。ティンバライズには絵を描く人がいっぱいいるので、こんなものがまちに建つといいよねという完成形が見えていて、それを実現するためにはそれぞれの立場の人が何をしなくてはいけないかということを気づかせてくれる。そこが重要な役割だと思います。

倉方　面白いですね。みなさん出自が違うけれど、ティンバライズという活動に、それまでに「何か違う」と感じていた枠組みを解いてくれる可能性を感じた点では共通している。そういう大きな問題を解くところまで射程に入れないと、大規模木造が理論的には可能であっても広まらない。だから、あえてボールを遠くに投げる。展覧会でもそういうビジョンを示されていますよね。

■都市木造＝木でまちをつくること

倉方　ティンバライズで独特なのは「都市木造」という視点だと思います。

久原　まちを木でつくるというのがすごく重要で、単体の建築が木でできるということではなくて、まちに木を持ち込んでどうしていくかということが割と最初からテーマになっていました。一番最初の展覧会も、まち全体の模型をつくって、表参道のここにこういうものが建つ、というのが具体的にイメージできるようにしました。それを札幌、福岡、秋田でも展開してきました。「都市木造」というのは我々の造語ですが、「都市」という言葉を入れて、まちの中で木造がどういうあり方をしていくのかを、常に見せながらやっていこう、という意味が込められています。

倉方　まちへの意識が強いのは、どこにその根があるのでしょうか。

山田　建築家は単体の建築を提示するだけでなく、まちの中でどうあるべきか、社会とどう関係するのかといったことも、一緒に提示しなければいけないですよね。建築単体の作品性よりも、まち全体を面白くするために建築家が動いた方が、世の中の役に立つと思うんです。かなり早い段階から「都市木造」と言っていますが、都市や社会と一緒に木造を考えていかないと面白くなっていかないんじゃないか、という気持ちがあったんだと思います。

萩生田　僕は「ティンバライズ」という言葉

ができてから入ったので、後から意味を解釈したんですが、「ティンバライズ」というのは、都市を木質化することだというふうにとらえています。僕は昔、橋を設計したことがあって、都市の要素として橋も木質化しようとやっています。NPO法人「team Timberize」理事長の腰原幹雄さんが「地産地消」と言っていますが、地方で木をつくって、都市で使わなければならない。地方でつくって地方で使っていたら、たくさんの量は使わないんです。都市の中で使うからこそ、量を使うことができる。都市自体を木質化させる姿を見せる方が僕はインパクトがあると思っていますね。

**安井** それこそ戦前までは、木造で都市をつくっていたわけですよね。全部木造だったのを、一旦リセットして、都市は別のものでつくりましょう、とどんどんやってきたわけです。でも、それってここ70〜80年くらいだけですよね。都市に木造があるのは当たり前なんですよ。たまたま、いろんな理由でここ何十年間は木造をやめていただけで、それを少しずつまた戻しているだけなんです。

**山田** これから東京でたくさん木を使っていこうとしても、東京だけでは材料を全部賄えないですよね。最近、地方創生と言われていますが、地方がそれぞれ頑張るだけでなく、日本全体がつながっていかなければなりません。私たちの提案は、東京が必然的に地方とつながっていくヴィジョンなんです。

**小杉** 東京オリンピックを題材にした「Timberize TOKYO—都市木造が東京を未来につなげる」展を地方でやるとき、なぜ東京オリンピックの展覧会を地方でやるのかと言われました。オリンピックは東京だけのことのように思われるけど、木造でやるって言った途端に、実は東京だけの話ではなくなるんです。

**倉方** 分断されて考えられがちなのですが、本来はお互いがあるからこそ、山地水明のところは山地水明でいられるし、都市は都市でいられるんですよね。東京／地方、都市／林業というふうに分断されがちなものが、「都市木造」という言葉でつながるんですね。

**山田** まさにそうですね。それと、一言で「都市木造」といっても、そのまちによって、大きさも使い方も違う。たとえば秋田の人と考えると、より森林に近いから、東京とは違う都市木造が出てくるんです。展覧会でいろんな地域を回って、地域ごとの都市木造があるということに気づかせてもらえました。

**内海** 地方都市で木造を考えるときには、その背後にはどんな森があってどんな木がどのくらい出てくるかを意識せざるをえなくて、そこが面白いなと思うんです。背後の森から出てくる木がどのように使われているのかとか、森と都市部との距離感、両者の規模のバランスを見比べながら、その都市ではどういうふうに木を使い続けていけるのか、その先にどんなまちの姿が見えてくるのかと考えてみるのも面白そうかなあ、と思ったりします。

## ■木造から社会システムを再考する

**山田** 今まで考えなくてよかった社会システムをどうすべきかということを考えないと、本当の意味での都市木造はできないんです。社会システムを新しく変えていかないと、単品の建築で終わってしまう。

**倉方** 考えざるをえないという責任感が出てきますね。

**小杉** たとえば、今ティンバライズで取り組んでいるのが規格化です。鉄骨だって最初は既製品ばかりじゃなかったはずですが、本当に木造に対する要望が高まってくると、規格が重要になってくるはずです。

チーム・ティンバライズ(左から、加藤征寛さん、八木敦司さん、久原裕さん、萩生田秀之さん、安井昇さん、内海彩さん、小杉栄次郎さん、山田敏博さん)

**倉方** 木造を考えることがきっかけで、都市のことや、材料の生産のことや、法規のことを建築士が考える。本当は建築士はそういうことを考えてきた存在だったはずが、だんだんと意識しなくてもよくなっていった。それをおかしいと思っていた状況に、ティンバライズは木造というファクターから、もっと長いスパンの都市や法規や、モダニズムの次を思考しているんですね。

**久原** デザインの仕方も色々あるだろうなと思っています。木造はまだまだ近代化されていない。もしかしたら2009年に僕らがやっていたことは、コンクリートや鉄でいろいろやってきた近代化を、とりあえずまずトレースしてみることだったのかもしれないですね。本当はこの先にまた違う、ティンバライズデザインというような、木のデザインの可能性があるかもしれない。そういうものが見つかると面白いと思います。

**萩生田** もうひとつ思うのは、木を使うということは、山をきちんと整備することだと思うんですよね。なぜ山を整備するかというと、森が崩壊してしまうと、水がきれいにならない。そういうことも含めてやはり木を使わないといけないんだということを、常に言い続けていかなければならないと思っています。

**加藤** チーム・ティンバライズには意匠・構造・防火といろんな職種が集まっているので、それは強味なのかもしれない。たとえば僕とか萩生田さんは構造が専門ですが、構造的に裏付けがあるものが提案されていると、それだけで提案内容に説得力が出てくる。それは多様な人が参加するNPOの強いところじゃないですかね。

**小杉** ここにいるのはみんなNPO法人「team Timberize」の理事なんですが、今までは理事がメインで会員の皆さんに提案して、引っ張っていく感じだったんです。でも、先ほど萩生田さんがおっしゃった木造の橋の研究会(木橋研究会)などは、ワーキンググループとして会員の皆さんも混ざって、コンペを一緒にやろうという動きも出てきています。こういう広がりは、構造の人も建築家もいるこのNPOならではですね。

今は建築を中心にやっていますが、たまたま僕らは建築士なので、都市木造、耐火木造ということをとっかかりに活動を始めただけなんです。本当は木ってもっといろんなところで使われているし、木という素材の可能性は衣食住で追求していけるわけですから、最終的に建築だけに縛られずに、そういうところにもいずれ広がっていけばいいですね。

(2015年11月9日、ティンバライズ・アーキテクツ・オフィスにて)

論考1＿中村勉

# 「2050年」から建築士を考える

## 2050年問題を考える

1972年にローマクラブ[注1]が成長の限界を示し、2020年危機説も発表した。さらに1992年に国連が「環境と開発に関するリオ宣言」でサステイナビリティの時代であることを宣言して、20年以上の時が流れた。しかし、世界では戦争やテロなどの破壊活動がやまず、日本では格差社会が増大し、環境配慮への関心も高まっているとはいえない状況にある。

建築を考えるには、建築が永らく利用されるであろう、将来の社会を知らなければならない。いまだに高度成長期の意識、価値観のままで進めば大きな環境の問題がレガシーコストとなって将来の人々の重荷になるだろう。将来の社会に必要な価値観はもっとゆったりとして、自然と共生するものであるはずだ。過去に戻るのではなく、低成長時代になったとしても、豊かで快適な暮らしができる社会をつくらなければならない。

そのために、大きなけじめとして2050年をしっかり見つめたい。IPCC（気候変動に関する政府間パネル）の第5次報告では2100年には産業革命前と比べて地球の平均気温が4.8度上昇するだろうという予測がなされ、同時に、2050年までにこれを2度の上昇に抑えるように、全世界の国々が各国独自の目標を提出した。この実現を担保できるかが問われているが、基本的には$CO_2$排出量を全世界で50％以上削減することが呼びかけられている。

この2050年という社会が持続可能性社会としてどのような状況になるべきかをとらえ、そこに至る道程を考え、現在何をすべきかを考えてみようと思う。持続可能性社会とは、低炭素社会、循環型社会、生物多様性社会のそれぞれが健全で活発な状態を示す社会と定義されているが、その前提には市民・コミュニティの力という、自立型の民主主義を市民が意識づけできる社会が必要だ。少子高齢化社会への対応と、低炭素社会への努力は、別々に考えるべきことではなく、都市の政策として同時に解決すべき課題であり、そうして初めてソフトとハードが同時に人々にとって意味のある社会をつくり出せる。そしてこれらは現在の社会や状況をベースに予測する方法では解決できない課題であり、2050年という社会を豊かにイメージした上で、そこに上手にソフトランディングするロードマップを示し、バックキャスティングの手法によって着実にこなしていくことが求められている。

## なぜ今2050年なのか

### ① 少子高齢化問題

日本社会は21世紀に入って、大きな変化の兆しを見せている。人口は2006年の1億2700万人をピークに縮減し、2050年には9500万人になるとも予測されている。経済もそれにともなって右肩上がりから停滞、縮減の方向に進むだろう。団塊の世代とその後の人口増のグループが高齢化し、同時に少子化による労働人口の縮減にともなって、高齢者比率は20%から40%に、それを支える労働人口比率は60%から50%に変化すると予測されている。

このままでは公共による福祉も限界が見えている。これは1990年に始まったシビルミニマムという公共サービスの限界であり、教育、福祉、医療という生活を支える予算を守るには、土木費を縮減せざるをえず、限界都市という現象も表れ始めている（図1、図2）。

政策研究大学院大学の松谷明彦氏の研究[注2]によれば、地方の都市では60%の都市が縮減し、その中には20%が消滅するという予測も生まれている。都市の中心街には駐車場という名の空き地が増え、都市の骨粗鬆症ともいわれている。地方都市では大きな変化がすでに起こり始め、40人/ha以上の人口集中地区が少なくなり、農村部の集落のような10人/haのような地区が大きくなっている。特に70年代に開発された住宅団地などでは構成人口に偏りがあるため、その傾向が顕著になっている（図3）。

**縮小する人口時代の弱者ケアは誰が担うか**

2050年の労働人口は現在の約5割に ⇒ 労働人口を6割に ⇔ 女性・移民・定年問題

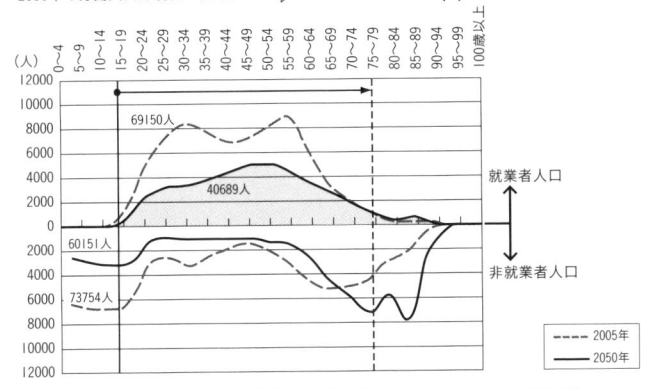

図1　土浦市の就業人口・非就業人口の推計（厚生労働省資料などをもとに中村勉作成）
上段の労働者人口が下段の若年・女性・高齢人口層をケアする構図。2050年には難しくなることが分かる

**限界都市論　縮小する都市のインフラはどこまで維持できるか**

2つのシナリオ
行政のサービス範囲が7割になると仮定

政策提案1:
■：エリアサービス地区
　　100%行政のサービス
▨：田園半自立地区
　　30〜50%行政が負担し、コミュニティに委ねる
□：農村集落自立地区

政策提案2:
■：エリアサービス地区・ラインサービス地区
　　100%行政のサービス
□：農村集落自立地区（郊外住宅／農村集落）
　　30〜50%行政が負担し、コミュニティに委ねる

図2　土浦市の2050年の二つの都市政策シナリオ（作成：中村勉）

土浦城址

■：駐車場　■：商業施設／飲食店等

図3　土浦市中心部の2005年の骨粗鬆症化状況。駐車場という名の空き地が目立つ（作成：中村勉）

②環境問題

なぜ今2050年なのか

　さらに、地球温暖化の課題が地球を覆っている。2050年までに全世界が$CO_2$排出量を50%削減するためには、先進国が80%の削減を行わなければならない。そのために日本政府は2010年に省エネ法を改正し、2020年までに住宅も含めたすべての建築について省エネ基準の義務化をすることとした。さらにその後、基準の強化や、2050年までに既築も含めたゼロカーボン化を目指そうという方向性が示されている。

## 求められる価値観の変化

このような社会の変化は少しずつ、近代化の右肩上がりを前提とした価値観を低炭素型に改善していくことを求めている。

近代化の価値観から、低炭素型の価値観への移行は、「重厚長大なものへの憧れから、軽薄短小の人間的社会へ」「スクラップアンドビル

**小さな環境世界で自立した都市・建築**
〈大地の都市〉(大地に根ざした豊かな都市へ)

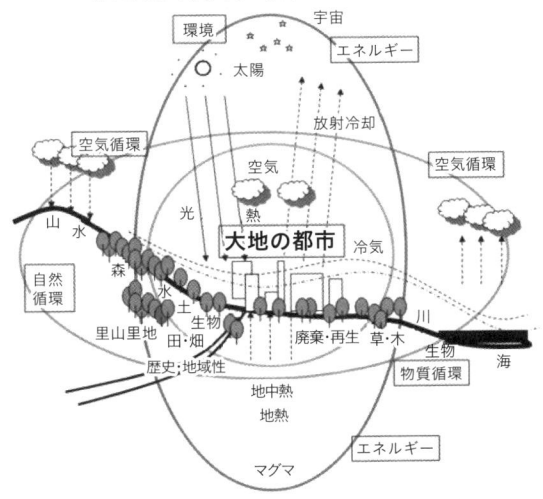

図4　日本建築学会の地球温暖化対策アクションプラン（©中村勉）

表1　アクションプランの基本理念

| |
|---|
| 1) 山から海までの水系を軸とし、都市の廃棄物も資源とする、循環型社会を構築 |
| 2) 身近にある自然エネルギーや再生可能エネルギーの利用とエネルギー需給のスマート化 |
| 3) 新築建築の低炭素化を促進する、パッシブ型環境基本性能の普及促進 |
| 4) ストック社会への移行を前提とした改修社会の構築 |
| 5) 近代的社会の右肩上がりの価値観から、環境調和低炭素社会型の価値観への転換 |
| 6) 地域性、歴史性、人間性を重視し、スローライフで農のある豊かなエコライフスタイル |
| 7) 地域地区制（宅地vs農地、市街化区域vs調整区域）を見直す混在型ミックスゾーニング |
| 8) 多世帯・多世代型コミュニティで分かち合い、与え合う社会の構築 |
| 9) 縦割り社会から水平思考型の低炭素型成熟社会へ |

ドから、歴史的・文化的なものを尊重するストック社会へ」「スピードと正確さを旨とした合理的な縦割り社会から、スロー社会で総合的な水平方向に目配りの利く環境重視社会へ」「効率重視の機能分離型ゾーニングから、総合的で複合的なミックスゾーニングへ」、そして「個人主義からもう一度分かち合いと助け合いを大事にするコミュニティの社会へ」といったことを意味する。図4は2015年に報告した日本建築学会の地球温暖化対策アクションプランの理念である。ここでは九つの理念を表1のように掲げている。

　図4の横向きの楕円は理念1)の循環型社会を意味する。水系の循環を軸とし、山から海まで森の生成から里山の保全、都市の廃棄物・下水の循環などが健全に行われるリサイクル社会をイメージしている。縦の楕円は、理念2)の「垂直」方向にエネルギーを考えるべきだということを表現している。自然エネルギーが「垂直」だというのは、頭の上には太陽と宇宙があり、熱と光を享受し、同時に放射冷却で宇宙と交信しているからだ。空中には空気が流れ、地上にはバイオマスと水がある。下水や都市の廃棄物もエネルギーと考えられる。地中では太陽熱を蓄熱している層から地中熱を利用でき、奥のマグマも低い温度でも利用できるようになった。

　また、人間性の重視や農のある生活、コミュニティでの分かち合い、与え合う社会という点も重要だ。1人で何でもできるという思い上がりの社会観から、コミュニティの力を信じて、分かち合いを前提とした社会へと価値観を変えていかなければならない。そういった定常社会、社会資本を認め合う社会は、それほど難しくなくつくり上げることが可能だと思う。この20〜40年間に上手にソフトランディングする方法を皆で考えることが必要なのだ。建築士会というコミュニティもそのひとつだ。

## 東日本大震災後の福島県自然エネルギー特区構想

　私たちはこれまで、建築にかかわるエネルギーしか議論もしないできた。圧倒的に強い原子力発電があったため、大規模なエネルギーに関しては建築士の及ぶところではないと考えてきたのだ。しかし、2011年の原発事故以降、災害復興の課題とともに、これにもかかわりを持たずにはいられなくなっている。筆者は3.11後、福島県浜通りの環境の中にはどこまで自然・再生可能エネルギーの力があるのか調査

した(図5)。それを利用する制度を特区などの方法で改善すれば、農地を失った農民、海を失った漁民、商圏を失った商人などに対し、さまざまなグリーン経済といわれる、新しい市民の力を示せるのではないかと考え、県や市の復興会議に提案をしてきた。そして、それらを実践すべく、エネルギーやローコストゼロエネハウスなど新しい領域の開発を行っている。都市やまちづくりの計画だけでなく、このような領域への建築士のかかわりは今後大いに期待されるべきことだと思う。

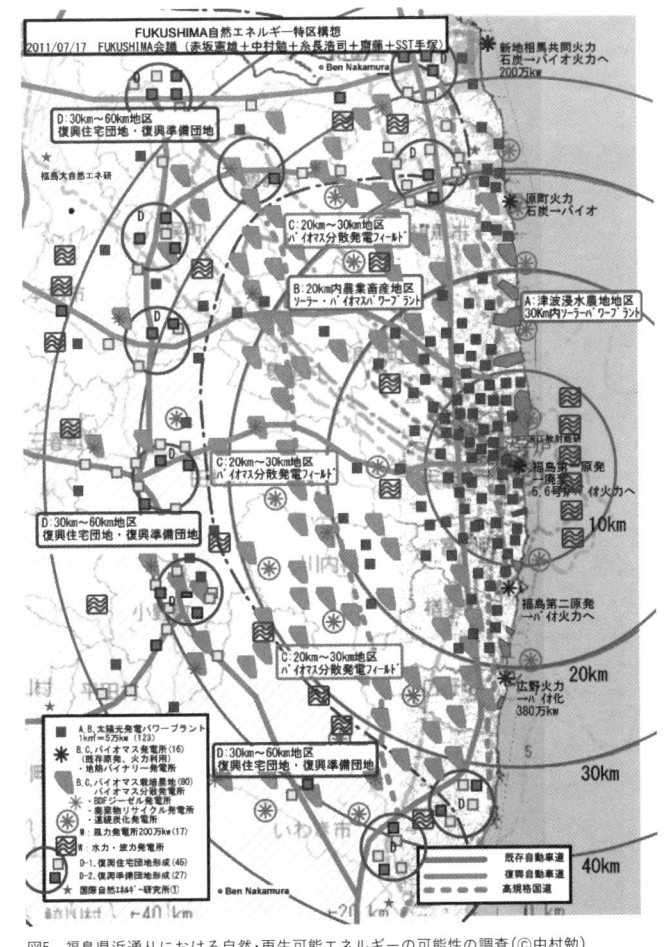

図5　福島県浜通りにおける自然・再生可能エネルギーの可能性の調査(©中村勉)

## 建築士の職能の変化

2000年の構造偽装事件以来、建築士という特定の業務独占ができる資格を持った職能がバッシングを受け、社会的信頼が薄くなってきている。本来、社会から尊敬を受けるべき職能が、どうして性悪なレッテルを貼られるようになってしまったのだろうか。これらを制度で縛りつけるのではなく、もう一度、建築士は社会の大きな変化を研究し、いち早く社会を導くための行動をする人たちであると思ってもらえるように、信頼を回復したいと切に願う。

このような社会変化の中で、建築士はどういう方向に進んでいくのだろうか。それを考えるため、今回「これからの建築士」賞を設け、すでに建築士の殻を打ち破りながら、領域を拡げている試みを知る企画を考えた。幸いに57もの応募があり、これを概観すると、建築士は設計者、施工者、技術者、自治体など多分野に広がっているようだ。今までの社会的役割や領域を超えて、新たな関係をつくることで、建築士以外の人たちからも求められ、職能の広がりが大きく変わってきていることが読み取れる。

不動産との融合や施主との協働作業などもその一例だ。設計の対象も、世界に、改修分野に、木造都市に広がっている。地域の住民との協働で、防災や地区の魅力など、社会共通資本の考え方にも踏み込んでいる。そしてこれらの試みは教育によって社会を変える力となるだろう。教育といっても学校での教育だけでなく、エコ改修(p.102)などの事業を通じた専門家教育もある。また、岩崎駿介氏と奥様の美佐子さん(p.84)の人生は地球規模に及ぶもので、途上国の貧困の原因が私たち先進国の先進性にあること、その原因を夫婦2人で自邸の自力建設を20年かけて行う過程を通して知らしむるという姿勢の壮絶さと潔さには感銘を受けた。世界を駆けまわって近代化の過程と格差の生まれる要因を知り尽くした2人が自らの最終章に賭けた生き様がまた社会性を強烈にアピールすることにつながっている。この岩崎氏の壮絶な試みのように、身を張って伝えることも建築士の実践教育として力になるものと感動した。

## ストック社会の建築士

　新築物件が少なくなる社会において、ストック社会にかかわる建築士も多くなっていく。ヨーロッパの建築家は約半世紀前からこの状態に置かれ、新築をする機会よりも改修を基本とする設計者が圧倒的に多い。2020年以降、既築の建築に対し、それまでの新築における省エネ義務化と同様な、省エネ改修が義務化されることが予想されているが、そのような流れをできるだけ早くつかんで制度の改造も含んで対応できるように準備したいと思っている。また、都市においてのストックとして、地域の社会共通資産としての重要な建築や、学校などの公共施設、そして景観を市民と共有する意識が芽生え、市民と建築士が一緒にワークショップなどによってそれらを認識し、大切にしようとする試みが今回いくつか見られたのも私には明るいニュースだった。

　現在東京建築士会では、この問題は今後の建築士の社会的役割を大きく左右するはずと考えて、ストック委員会を立ち上げ、さまざまな議論を始めたところである。

## 2050年からのバックキャスティング

　大きく、2050年問題といった社会の変化を見ながら、現在の社会をバックキャスティングして考えてきたが、矛盾や問題を発見し、その対応を考える、深い思考の力が求められているのだろうと思う。考えてみれば、新国立競技場の問題のように、また原発問題のように、あいまいなまま能天気に将来に負の遺産を負わせる時代はもうとっくに終わっているはずなのだ。それぞれの段階で慎重に深く考察し、経済も社会的状況も配慮しながら丁寧に進めていく社会的な姿勢が、それぞれの役割には求められていると思う。その中から美しい、自然と一体化した都市や社会が見えてくると信じたい。

　これからの建築士は、深く、社会の課題を考察し、自分のものと意識し、課題を解決する方法を、将来を見通しながら考え出すことが必要だと考えている。

注1　ローマクラブ：1970年に発足したシンクタンク。1972年の報告書『成長の限界』や、1992年の報告書『限界を超えて——生きるための選択』などで人類の破局に警鐘を鳴らしてきた。
注2　松谷明彦『東京劣化　地方以上に劇的な首都の人口問題』(PHP研究所、2015)ほか

第2部

デザインの意味を拡げ、状況を変える

建築士はデザインを行う。それが決して表面的なお化粧ではないことが、この部の6者の言葉からはよく分かる。アフリカでのマタニティハウスの建設という貴重な経験から、デザインには内面から人に働きかけ、モチベートする力があると語る遠藤幹子。構法の開発から施工にまで取り組み、新奇な意匠ではなく、建築士が信頼を得て活動できる状況をつくろうとする葛西潔。有形・無形の形を通じた社会的関係性の変革を追い求め、さまざまな活動を展開してきた岩崎駿介。東日本大震災の被災地に入り、専門的能力を活かして住民が主体的に考え続ける仕組みづくりに取り組む日建設計ボランティア部。政策提言を通じてエコハウスの需要者と供給者を育てるプロセスを設計、広汎な環境教育を実現した善養寺幸子。細かい色や形を決める以前の段階からクライアントに寄り添い、事業全体を総合的にプロデュースする斉藤博。
工学的に材料が同じであっても、かたちが違えば効果は異なる。建築士がデザインする力は、さらに深層の関係性に向かうことで、状況を変える、その手がかりになっていけるはずだ。

遠藤幹子 ［ザンビアのマタニティハウス］
# 命を守る施設を
# 地域住民自らが建築できる力を育む

遠藤幹子
1971年東京都生まれ。東京藝術大学大学院修了。The Berlage Institute（オランダ）に留学しエリア・ゼンゲリスに師事。主に大人から子どもまでが創造力を育める場のデザインやワークショップを国内外で手がける。2004年office mikiko一級建築士事務所設立。2013年一般社団法人マザー・アーキテクチュア設立。共著に『ゼロ年代11人のデザイン作法』（六耀社、2012）ほか。

アフリカのサハラ以南地域のザンビア共和国（図1）では、いまだ妊産婦死亡率が日本の40倍であると言われている。そのような農村地域にて、国際協力NGOジョイセフが外務省、現地NGO、民間企業ほか多数の協力者とともに2011年から「妊産婦支援プロジェクト」を行っており、私はその一環として進められている安全なお産のための「マタニティハウス（出産待機ハウス）」の企画、設計、ワークショップのファシリテーションに携わっている。

**必要なのは、人をモチベートさせるデザイン**

2008年に、ある対談がきっかけでジョイセフ主催のザンビア農村部の視察ツアーに参加させてもらうことになった。広大なサバンナにODA事業などで保健施設が建てられてはいるものの、ハコだけがポツンと置かれただけでなかなか地域に根ざしていないものが多く、「建築家はハコをデザインするだけでいいのか？」と非常に疑問を感じてしまった。そんな時、そこで出会った村の保健推進ボランティアの若者の言葉に強く心を打たれた。

「僕たちが本当にほしいのはTシャツだ。いくら薬や建物を支援してもらっても、なぜ、どうやってそれを使うのかを人々に伝えて回らないと問題は解決されない。それをボランタリーに続けるのは容易ではないけれど、この『Safe Motherhood』と書かれたユニフォームを着ると、今日も頑張ろうと気が引き締まる。このユニフォームのお陰で、僕らは命を守るために働くことができるんだ」

ハードが十分に活用されるには村人の参画というソフトが不可欠で、そのモチベーションをいかに維持するかが

図1　アフリカのサハラ以南地域、ザンビア共和国

最大の課題であり、そのためにはメッセージの書かれたTシャツこそが有効だ、というのである。その言葉に私は非常に驚き、また同時に、もしも建築にこのTシャツのように人をモチベートさせる力を与えることができれば、ただのハコももっと人々に愛され、有効に活用される場所になるのでは、と考えた。

図2　Safe Motherhoodと書かれたボランティアのTシャツ

## 妊産婦死亡という緊急課題

その後、2011年にジョイセフから声がかかり、ザンビアの妊産婦死亡率を減らすための建築の計画に関わることになった。妊産婦死亡率の低減は、2015年を目標とした国連ミレニアム開発目標（MDG's）の重要課題であり、2030年を目標にした持続可能な開発目標（SDG's）にも未達成項目として引き継がれている。出産による母親の死亡は、その後の乳幼児死亡や児童労働などの負の連鎖を引き起こす要因となっており、早急に解決すべき課題であった。

ザンビアの農村部では、いざ陣痛が始まっても助産師のいる診療所までは歩いて何時間もかかってしまうため、衛生状態の悪い自宅で専門家の介助なしの出産が多く行われており、緊急時の手当て不足などが原因で多くの命が失われていた。しかし、新たな診療所の増設は資金面などの理由でなかなか難しく、既存の診療所へいかに多くの妊産婦を呼び込むかが、解決の鍵となっていた。

## コンテナを再利用したマタニティハウスの計画

そこでジョイセフは、コミュニティ・ヘルス・ワーカー（母子保健推進員）を育成し、彼らの教育啓発活動を通じて診療所での健診や出産を促進する試みをスタートしていた。普段農業などに携わる彼らが村々の家を1軒ずつ訪ねては、安全なお産のための知識を伝えて回っているのだ。

そして、遠方に住む人々でも陣痛が始まったらすぐに助産師の適切な処置を受けられるよう、診療所の隣に予定日の2週間前から無料で滞在できる「マタニティハウス」をつくることに

なり、その設計に関わることになった。

とにかく多くの村で建設するためには短期間に低予算でつくることが必要で、日本からの支援物資の輸送に使われたコンテナを再利用する案が浮上した。「日本の支援者の思いを運んだコンテナが、お産の施設に生まれ変わる」という物語性によって、より多くの賛同者を集められたら、という思いもあった。

## 最初のマタニティハウス──フィワレ村、2011年

最初のマタニティハウスは、郡で一番大きな診療所のあるフィワレ村に建てられることになった。コンテナを再利用するアイデアは出資者であるユニクロや個人ドナーには非常に喜ばれたが、リサイクルやサステイナブルという概念がまだ浸透していない現地では「古いコンテナなどでつくったらイメージが悪くて人が集まらない」という反対の声が強く、二つの国の常識の違いをひしひしと感じた。

そこで現地の人たちに何度もヒアリングし、最終的に2台のコンテナを並べて中央に風通しの良いラウンジを設け、全体を大屋根で覆って温かい家のようなイメージにする案に落ち着いた（図3）。さらに、建物が現地の人々にとって「よそ者が建てたハコ」で終わらずに、その後も愛着を持って主体的な運営への参画がなされるよう、村人を集めてワークショップを行い、み

図3　フィワレ村に完成した第1号のマタニティハウス（撮影：栗原論）

んなで中古のコンテナを美しく彩るイベントを開くことにした。

　基礎積みなどの作業にはできるだけ現地の人手を活用し、ワークショップには総勢100人の村人に集まってもらった。みんなで思い思いに摘んだ葉っぱを外壁にスタンプし、日本の支援者の名前を書き込む作業をしていると、テレビや新聞のないこの地域ではこのようなイベントが最大の娯楽のようで、学校帰りの子どもから通りすがりの大人まで、多くの人が集まっては飛び入りで参加してくれた。そして完成後には壮大なセレモニーが開かれ、自分たちの手で命を救う建物を完成させた喜びを歌い、踊り、ともに分かち合う彼らの姿は、これまで見たどんな映画よりも感動的だった。

図4　みんなで手を貸しあいながら、葉っぱで壁に柄を描く（撮影：栗原論）

　このような住民主体のプロセスにより、マタニティハウスの意義は地域に広く周知されたようで、開設後には多くの妊婦が訪れ、フィワレ村での施設分娩の割合が2010年の32.8％から2013年の45.0％へ増加するという見事な成功を収めたのである。

## ワークショップで次につなげる──ムコルウェ村、2013年

　2号目のムコルウェ村では、コンテナ1台によるひと回り小さいものがつくられることになったが、前の村の二番煎じで村人のモチベーションを下げてしまわぬよう、外壁のデザインを新しくすることにした。

　図案を村人から募ったところ、彼らの出す案は「妊婦が夫の同伴で診療所へ向かう」「産前検診を受けて安全なお産をする」などの行動を表す複雑なものばかりで、どうやってそれをきれいにペイントしたらいいか頭を悩ませた。そこで、線画、色塗り、柄付けなど参加者それぞれの得意作業を見極めて役割分担をし、1人1人の個性を発揮してもらいながら、全体がバランス良く仕上がるよう注意を払った。最終的に、非常に活き活きとした美しい壁画ができあがり、多くの人に施設分娩の意義をアピール

図5　ファサードが命を救うメッセージを伝えている

図6 計画の重要ポイントを、歌と踊りで覚える

図7 たった3時間のワークショップで平面図の書き方から配置計画までを彼らは完璧に習得した

するすばらしい建物が生まれた(図5)。難しい作業をやり切った彼らはまるで我が子であるかのように建物を愛し、その後も人手不足を補いに無償で通ってきているという。

さらに、彼らに次の村の計画に参加してもらえるよう、模型を使った建物の配置計画や作図方法を伝えるワークショップも行った。「エントランスはアプローチに向けて」「プライバシーの必要な部屋は奥に」など計画の重要ポイントを誰でも簡単に覚えられるよう、みんなで楽しい歌と踊りをつくり、それをもとに彼らに次の村の配置案を考えてもらったところ、すべてのチームが私の想定と同じ解を出してくれ、その学習意欲と責任感の高さにとても驚かされた(図6〜8)。

## プロジェクトを現地に引き渡す道筋をつける
―― ムタバ村、2015年

3号目以降は外務省の資金提供により、分娩棟、助産師住居、ユースセンターという新たな三つの建物もつくることになった。各棟の配置を村人たちと考えたところ、私たちには読み切れない細かな敷地要件を計画に反映することができた。また、前の村の建設に携わった人々を呼んでペインティングの指導や全体のデザイン監修も手伝ってもらったところ、現地語でのコミュニケーションは外国人の私たちがするよりもはるかに効率が良く、また彼ら自身も、施設をつくる立役者としての自覚と誇りをますます深めることができたようだった。

他にも、新しくつくったユースセンターでは20代の若者にもペインティングに参加してもらい、次の村でのワークショップの材料調達やファシリテーションも任せられるよう、次世代の

育成に取り組んでいる。

このように、今後も村人が自立して外部の専門家なしでもプロジェクトを継続していけるよう、そのノウハウを彼らが自分たちの手で次の村に伝える力をつけるための取り組みを、引き続き行っている。一連のプロセスを記した楽しいガイドブックもできあがり、今後彼らがどのようにプロジェクトを展開してくれるか、とても楽しみだ。

図8　各自が考えたムタバ村の配置プランを発表

## 命を守る建築

このようにザンビアのマタニティハウス・プロジェクトでは、コミュニティが主体となって人々をエンパワーし、そこで得たスキルを互いに伝え合い、知恵と資源をクリエイティブに循環させるという方法で、妊産婦死亡率の低減という課題に立ち向かっている。

そこでは常に歌と踊りと笑顔に満ちた営みが繰り広げられていて、ともに生き、助け合おうという彼らの正義感に、いつも感動させられている。同じことを日本で試みても、ここまでの成果は得られないのではないだろうか。技術や産業の発達で私たちの暮らしは一見進化したように思えるが、何か大切な創造の喜びや助け合う心を失ってしまったのではないかと、彼らのエネルギーに触れるたびに考えてしまう。

Tシャツがほしいと言った若者は、こうも言っていた。
「僕は命を守る知恵をもっと得たい。なぜなら知恵は誰にでも分け与えられるし、使っても決してなくなることはないからだ。知恵を伝えれば伝えるほど、多くの命を救うことができる。僕はそれをする人になりたい」

私にとって、アフリカで命を守る建築のつくり方を伝えることはいつも、自身の生きる力を取り戻し、生きる意味を改めて学び直すことである。建築を学び、建築を生業にすることがこのような喜びを与えてくれることに、心から感謝している。

対話――遠藤幹子 ×倉方俊輔
# 母親として、建築を育てる土壌になる

具体的なものを扱っているはずの建築の議論は、とかく抽象的になりがちだ。遠藤さんはお子さんを出産してから、きちんとした「建築家」でいなければならない建築界の議論に違和感を持つようになったという。子どもを見下して一方的に教えるだけの教育が良くないのと同様に、時に教え合いながら建築とその使い手を育てる実践的なあり方は、まさに現代の建築の転換を示している。

## ■皮膚感覚で考える

**倉方** 「これからの建築士賞」を受賞されてのご感想をお聞かせください。

**遠藤** 驚きでした。自分としては、1人のお母さん、一個人のスタンスでやりたいことを、建築のスキルを使いながらやってきたつもりなんです。建築界は合わないと思っていたので、建築界に「戻って来れた」という感じですね。

**倉方** そんなふうに感じていたんですね。

**遠藤** 子どもを生んだ頃から、建築界の議論がまったくピンとこなくなってしまったんです。建築界って、生活レベルで直接に納得できない議論が多いですよね。

**倉方** 出産されたのはいつ頃ですか。

**遠藤** 16年前くらい。その時はオランダに留学していて、教授たちの議論を聞きながら、それが暮らしの何に役立つんだろう、という疑問や違和感を持ち始めていました。

**倉方** なぜ違和感が生まれたんでしょうね。

**遠藤** 赤子の小さな命を育てる中で、動物として、肌で感じる快適さや毎日の幸せのほうが圧倒的にプライオリティが高くなって、そうじゃないものはそんなに必要ではないと思ったんです。その前は建築論の本もよく読んで、「脱構築」とかすごく好きだったんですよ。

**倉方** でも普通は、それはそれ、これはこれ、と、プライベートと仕事を切り分けそうです。

**遠藤** 生理的にそれはできなかったんだと思います。私は直感的にピンとこないと物がつくれないんです。頭で考えてつくり始めてもまったく手が動かなくなっちゃう。方法論や計画から始めてもその通りにならないのは建築もそうですが、特に子どもってそうですよね。子どもは、建築的な思考でちゃんとプランを描いて、構築して、準備しても、全然違うことをする最たるものです。建築のやり方ってすごく限界があるんだな、そうじゃない与え方やものの伝え方、育て方があるんだなと思いました。

**倉方** でも建築そのものは、現実には子どもと同じで生み手にもコントロールできない部分がたくさんある。だからこそ難しい議論がついて回るんですよね。モノ自体を超えた理念で、生き生きとした「建築」を押さえ込むしかない。その矛盾が建築論を多産するのだと思いますが、遠藤さんがおっしゃっているのは、もっと建築を現実のありように則して捉えることができるのではないかということでしょうか。

**遠藤** オランダでは、エリア・ゼンゲリス[注]が先生で、私にとってのアーキテクチャーを、とにかく論文にまとめなきゃいけなかった時に、先生に、お前は科学調合して物をつくっているんじゃなくて、子宮の中でつくっているんだ、お腹の中で培養して育てたものが建築なんだと言われて、納得したんです。操作してつくるんじゃなくて、命を身体の中で育てている時

というのは、得体が知れないんですよ。いくら何かしようとしても、できない。私にできるのは、とにかくよく食べ、よく寝て、子どもが自分の中で動くのを受け止める良い土壌でいることだけなんです。それで書いた論文のテーマは「ライフ・アンド・アーキテクチャー」でした。

**倉方**　面白いですね。昨今、日本でも起こっている建築の転換を理論化していますね。リノベーションでもまちづくりでも、それと共鳴する建築でも、直接に自分が目や鼻をつくるということではなく、周りからうまく胚胎できる環境を構成するのがプロの仕事だという最近の転換をよく言い当てています。自分の外にあるものを「仕事」と割り切ってつくるのではない。遠藤さんは、出産された1999年頃から世の中で密かに起こっていた転換に、極めて個人的な体験から直感的に気づいていたんですね。

**遠藤**　タイムリーですよね。子育てをしていると、脳が直感的なものに支配されてしまうのかもしれません。たぶん、子どもを産んでからはずっと「おー、みんな楽しそうだ」って感じられることが、自分にとっての建築のあり方でした。逆に、建築家みたいに理論的に説明できない自分にジレンマがあったりもしましたが。

**倉方**　皮膚感覚と理論をつなぎたいという気持ちは、たぶん最初からあって、それを理論でつなごうとしていたのが、皮膚感覚そのものに入り込まないといけないんだと、実践に転換していったということですね。

## ■ザンビアのお母さんたちと共通の目線で

**倉方**　ザンビアにも最初はそこまで深く関わるとは思っていなかったんですよね。

**遠藤**　そうですね。最初は、知り合いの人から、ラジオに出演しないかと言われたんです。それが、ジョイセフ事務局長との対談で、世界エイズデーの日に、「ザンビアでは妊婦の5人に1人がエイズウイルスに感染しているんだ」みたいな話を聞くというものだったんです。それまでは国際開発には全然興味も縁もなかった。でもその時に、アフリカのエイズのお母さんたちのビデオを見たり、インタビュー記事を読んだりすると、彼女たちはポジティブで、強く逞しく生きているんです。日本でも子どもを育てるのは大変ですけど、彼女たちが向こうの世界であんなに元気にやっているなら、会えたら逆に力をもらえるんじゃないかと思って、すごく会ってみたくなったんです。

それで、機会があったら行きたいと言っていたら、ザンビアの視察ツアーに誘われました。最初は建築をやるなんて全然思わなかった。向こうでは、煉瓦を日干しして、みんな畑を耕すように自分で家をつくっちゃうから、建築家の出る幕はないと思っていたんです。それで、エイズの人たちへのジョイセフの寄付を支援するワークショップを3年くらいやっていました。

かわいそうとかではなくて、あの元気なお母さんたちとつながっていたい、という気持ちでしたね。向こうは向こうなりに元気なところもあれば大変なこともある。私たちは情報も物もあるからそこは元気なんだけど、生きる強さという点では萎えてしまっている。一緒につながっていれば困った時に助け合えるんじゃないかと思いました。

**倉方**　興味深いのは、遠藤さんは徹底してイデオロギーや制度から入っていないことです。建築士としてまずつくるぞとか、先進国が助けるぞ、ではなく、具体的なもの、ここでは母子として共通だというところから入っています。

**遠藤**　本当に建築家の出る幕はなかったんです。でも、そう思っていたとき、二つの話を聞きました。ひとつは、どこかの財団がODAで

診療所を建てるんだけど、その財団は建てたきりでどこかへ行ってしまうから、そこで検診をやっても現地の人にはその意義があまりピンとこない、という話。もうひとつは、薬やお金はユニセフとかがくれるけど、ワクチンが大事とか、産前検診が大事とかいう知識を伝えるには、人が村に行って口伝えで言わないと伝わらないという話。そんな時、ユニクロが送っている「Safe Motherhood」と書いてあるTシャツがもっとあって、多くの人が受け取れれば、問題が解決するんだって言われたんです。それで、物やお金やハコモノだけじゃなくて、参加を促すデザインも必要なんだと思いました。誰も寄りつかないハコモノ建築に、かわいいユニフォームを着せたら、みんな興味を持って来るんじゃないかなと。日本でも、人が楽しくなって来たくなる店舗デザインとかをやってきているから、それを診療所でもできるのでは、と考えました。楽しく絵を描いているうちに「クリニックで産めば赤ちゃんは死なないんだ」と気づく、そんなことをやりたいなと思って、ジョイセフの人に、こういうのをやりましょうって勝手に模型をつくってしつこく見せていたら、ある日「遠藤さん、ついに建てることになりました」と…。

倉方　外から入ってきたものを、内的なものにしなくちゃいけない。自分がこれを着たいとか、ここに行きたいとか、わくわくするとか、内から浮かび上がってくるものにしないと、結局社会に定着しないってことですよね。思想でも、ハコモノでも、診療所でもそう。外的なものである限りは、いくら表面上は華やかでも、自分たちのものではないですからね。

■ 建築を楽しむための方法論

倉方　そもそも、なぜ賞に応募したのですか。
遠藤　建築の賞に応募するなんて考えたこ
となかったんですが、女性委員会の先輩に「出しなよ」と言われたんです。現地の人やジョイセフの人からも、もし遠藤さんがこれで賞を取ってくれると、現地政府の誇りになって、それが波及効果にもなるから、何か賞に応募してほしいとずっと言われていて、私も野望はありますから、応募してみました。今、博士号も取ろうとしています。ドクターを取らないと専門性をなかなか認めてもらえない。向こうの政府や国際機関の仕事とかもしてみたいんです。

倉方　この先の展開ですね。
遠藤　やっぱり大きいことをするのが好きなんです。今までやってきた、クリエイティビティと社会問題の関係を頑張って論にまとめて、「物をつくるの、超楽しい」ということが、こんなに世の中を良くするんだということの権威になろうと思っています。

倉方　最初に理論があり、実践の段階があり、それを今、止揚しようとしている感じですね。
遠藤　そうなんです。でも建築論というよりは、発達心理とか、ものをつくるきっかけになる環境についての論ですね。

倉方　実践のための論ですよね。建築の実践のそのものの形を決める論ではないけれども、そのバックグラウンドとして、こういうものがきちんと成り立つんだとか、意味があるんだという、実践を自由にするための論。
遠藤　たぶん自分の中に、子ども心に戻るような、楽しくなるための方法論みたいなものがあるんです。そういう、みんなが「わーっ」と楽しくなる空間の操作の仕方はあると思います。

■ 子どもと対等に接するスタンス

倉方　日本の建築士がこう変わればいいのに、ということはありますか。
遠藤　人間の一生は長くて、人によっては80

歳くらいまで働いている。死ぬまで何かやっていきたいなと思うと、1個の専門性ではなくて、足されていって、自分なりの多様な混合具合をそれぞれがつくっていけたらいいなと思います。だから、あまり「建築家だから」とか、肩書きを自分で決めちゃうのはもったいないなと思うんです。ちゃんと建築士の資格があれば信頼にはなりますよね。正しい見解が言える訓練がされているということですし。でも、建築家としてのこだわりみたいなものはまったくないですね。

遠藤幹子さん

**倉方** 話は変わりますが、お子さんとの接し方で、心がけていることってありますか。

**遠藤** 仕事をしながらで全然きちんと教育できなかったから、とりあえず対等な関係だと思っています。偉そうにするほど良いお母さんではなかったので、その方が気が楽なんです。

**倉方** それは親子関係でも、教育者と学生の関係でも、援助する側と援助される側の関係でも重要ですよね。専門家と非専門家という以前に、同じ人間だというスタンスを意外と忘れがちで、「専門家が全部解決しなきゃ」「解決してくれ」といった関係性に陥ると、教育も援助も、うまくいかなくなると危惧しています。

**遠藤** 一方的な関係だと思わない方が、気が楽ですよね。等価交換で教え合っていると思えば、お互いにネガティブな気持ちはなくなる。

**倉方** そこのスタンスは一貫していますね。それに、肌感覚から考えているのも良い。疲れたとか、ちょっと辛いとか。

**遠藤** 建築家っぽくやると疲れるんです。無理してきちんと言わなきゃと思うから。子育てもそうですが、歳をとると面倒になってきて、放っておいた方が伸びるし、楽だわ、となる。

**倉方** 老いを認めるのは、男性が苦手なことかもしれません（笑）。歳をとると、体力も衰えていくし、話もよく聞けなくなってくる。でも、男性は年齢を認めたくない生き物だから、いつの間にか肩書きや役職といったパワースーツが手放せなくなっている。でも本人はそれに気づかない。そして、肩書きや役職が社会でますます必要とされるという回路ができていく。

**遠藤** この社会は、威張っていないとかっこ悪いって見られちゃうから大変ですよね。素敵な建築家だったのに、白い巨塔みたいになってしまう人もいたり…。

**倉方** 社会の変化だけでなく、自分の変化も受け止めて、今やるべきこと、できることを考えて活動することが、これからますます重要になりそうですね。建築は一番、男社会だったから、遠藤さんのような方に解毒してほしい。

**遠藤** エリア・ゼンゲリスが子宮の例えをしてくれなかったら、たぶん子どもを産んでも、自分なりの建築のやり方が見つからずに挫折していたかもしれません。自分自身が子宮であり、土壌であることを、これでいいんだって受け入れています。

（2015年10月18日、東京・千駄ヶ谷にて）

**注** エリア・ゼンゲリス：1937年生まれ。オランダを中心に活躍する建築家。レム・コールハースとOMAを設立。

## 葛西潔 ［木箱212構法］
## 材の輸入から施工まで責任を持つ、独自構法の家づくり

**葛西潔**
1954年東京都生まれ。東京工業大学工学部建築学科卒業、同大学大学院修士課程建築学専攻修了。1982年、葛西潔建築設計事務所を設立。1993年および1994年に東京建築士会「住宅建築賞」、2002年に「東京建築賞」最優秀賞、2010年に神奈川建築コンクール優秀賞を受賞。2013年にはグッドデザイン賞、グッドデザイン・ベスト100を受賞した。

### 「木箱」のはじまり

　私は1992年から「木箱」と名づけて木造住宅をつくりはじめた。現代においては新しい意匠と構造の木造住宅が求められている。そこで、「家族が一緒に過ごすことができる大きな家族室」と「内部に構造要素がなく、間仕切りのない開放的な空間」を提案してきた。

　耐震性を確保しつつ木造でそのような空間を実現するには、工夫を要する。初めに斜交格子構造を用いて9m角の平面の空間を提案・実現した。斜交格子構造の木材の加工は相欠きの仕口という簡易な加工であるが、「木箱」の考え方を広めるためには、より簡易で汎用性の高い構法を開発する必要があると考えるようになった。

　そこで、1996年に枠組壁工法の規格部材の2×12材(以下、212材)を柱と梁に用い、仕口に貫通ボルトを用いた一方向ラーメン構造を開発した。その後、他の構法を模索したが、現代の都市住宅において一方向ラーメン構造の優れた点を再確認したので、これをバージョンアップすることにした。

### 「木箱212」構法の開発

　2000年に212材を柱と梁に用いた門型フレームの一方向ラーメン構造を独自に開発した(図1)。その構造を用いた架構体を「木箱212」構法と名づけた。柱と梁には212材のみを使用、スペーサーや棚板などもすべてが212材である(図2)。柱は通し柱で長さはすべて同じであり、梁の長さもすべて同じである。柱と梁の接合部に使用する金物は1接合部にラグスクリュー8本、六角ボルト1本、座金10枚であり、一般に流通している。その価格は安価である。柱と梁の加工は、長さを整え、ボルトとラグスクリ

図1　構法の開発。耐力実験の様子

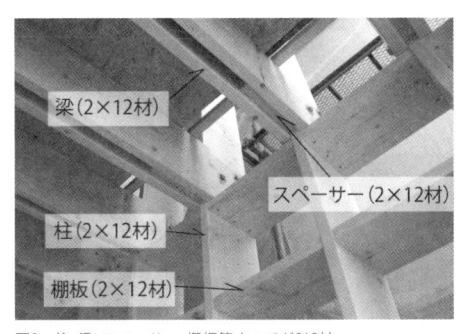

図2　柱・梁・スペーサー・棚板等すべてが212材

図3　構造模型

ューのための下穴を開けるだけである。徹底して合理的な簡易構法なのだ(図3)。

## 材の輸入から施工までを請け負う体制づくり

2000年から2003年にかけて二つの施工会社により10軒の「木箱212」が完成した。その過程で、改めてこの構法は施工が簡易であり、現代の住宅として優れていると実感した。

多くの設計者は自分の設計した住宅の性能の良さやコストの優位性などを説明する。だが、大半は1回きりで終わってしまう。本当に良いものは多くの支持を受けて、つくり続けられていくものだ。つくり続けることで本当に良い構法であることを実証しようと考えた。ひとつの区切りとして100軒つくることを目標にした。

そして2004年にはその施工の簡易性を実証するために、設計者である私自身が「木箱組」という職人集団をつくり、施工を請け負い始めた。現場監督は私1人である。設計を行いながら年間平均5軒(最多で8軒)の「木箱212」を施工している。以後、実績を重ね、2011年には建設業の許可を取得した(図4)。

柱、梁の212材は大量に使用するため、まとめて発注でき、スケールメリットも生まれた。2005年には212材を北米から40フィート型コンテナ(材木672本、約3軒分)単位で輸入し始めている(図5)。設計者は数か月後の工事予定を把握しているので、前もって手配でき、発注時期を考慮すれば倉庫も必要としない。国内の通常ルートよりもかなり安価に入手できるようになった。

図4 「木箱組」が施工を行う　　　　　　　　図5 212材をコンテナ単位で輸入

## ものづくりの責任を明らかにする「新しい家づくり」

　こうして、構法の開発、木材の輸入、設計、積算、施工までを1人の建築士が行う一貫供給体制ができあがった。
　この一貫供給体制によりいくつかのメリットが生まれた。
　設計者1人がすべての工程を行うので、設計、積算、施工の各工程の間に時間のロスが生じない。設計の段階から設計者がコストを把握しているので予算オーバーによる設計の手戻りがない。設計しながら積算ができ、職人もあらかじめ手配でき、設計完了と同時に着工できる。これにより、設計開始から竣工引き渡しまでの全体工期が大幅に短縮できるようになった。また、複数の会社が各工程を担当するわけではないので、意思疎通のための時間や労力を削減でき、経費も抑えられる。設計者が直接現場の職人に伝えるため、設計内容と建て主の要望を正確に実現できる。
　そして何より、家づくりの全工程を1人の設計者が行うことで、住宅における「ものづくりの責任」が明確になる。現代のものづくりでは、責任の所在を明らかにすることが求められている。にも関わらず、家づくりにおいては誰にどの責任があるのかが曖昧になりがちである。設計事務所による一貫供給体制はものづくりの責任を明らかにする「新しい家づくり」である。合理的な簡易構法「木箱212」構法がそれを可能にしたのだ。

## クライアントの住まい方が設計者を刺激する

　「木箱212」は2015年11月現在、82軒が竣工している。
　建て主たちは、モデルルームのように皆、さまざまな住まい方を見せてくれる。「住宅は住まい手がつくり上げていくもの

# 材の輸入から施工まで責任を持つ、独自構法の家づくり | 葛西潔

一室居住空間：耐震壁を一方向の外壁にのみ設けることで、内部に構造要素を持たず、柱や壁のない開放的な一室居住空間が可能になる

南面全面開口：間口方向は門型フレームだけで持たせているため、全面開口が可能。都市部の狭小宅地や間口の狭い敷地でも、南面に自由に開口を設けることで日照を確保できる

自然素材：基礎を含め外断熱とし、室内側は柱・梁を現しにしている。仕上げ材を張らず木を直接空気に触れさせ、耐久性を向上させる。基礎を高く立ち上げることで、薬剤を用いずに防腐・防蟻に処理している

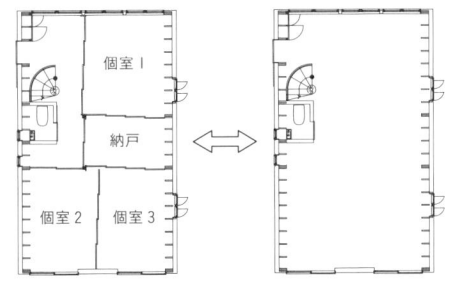

間取りの可変性：内部に構造要素を持たないため、間仕切りの付け替えにより自由に間取りを変更できる。間取りの可変性を確保することで、家族の生活スタイルに合わせることはもちろん、世代交代にも耐えうる木造住宅の長寿命化を目指している

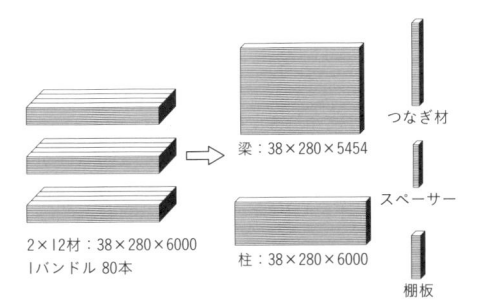

2×12材：38×280×6000
1バンドル80本

梁：38×280×5454
柱：38×280×6000

つなぎ材
スペーサー
棚板

ごみを出さない：柱、梁に単一の部材を使い、余った端材はスペーサーや棚板や転び止め等に利用する。施工段階で無駄な材がほとんど出ない

柱を活かした収納棚：室内に現しになった柱の間に棚板を渡すことで、壁面全体を収納とすることができる

図6　「木箱212」の構法的な特色

図7　木箱212構法で建てられた住宅

である」という私の考えを建て主たちが見事に実証してくれている。特に壁面いっぱいの棚の使い方にはその家の特徴が表れる。改めて現在の住まい方が多様になっていることを感じる。「木箱212」ができるたびに建て主たちの知恵と工夫が生まれ、新たな考え方に接する。それらは設計者に集積され、次の建て主たちの生活に活かされていくのだ。

対話—葛西潔 ×倉方俊輔
## 住宅づくりのシステムから変え、職能を拡げるプロトタイプ

住宅は芸術だと宣言した建築家のもとで学んだ葛西さんは、住宅づくりのシステムから変えることに挑戦し、プロトタイプをつくり続けることに方向転換した。木材の輸入から施工まで積極的に自分でできることを拡げていくだけでなく、目標の100軒を前に、さらに意欲的に新しい構法や材料に挑戦しようとする葛西さんの活動は、都市のソフトとハードを着実に変えつつある。

■連作として続けることで信頼を得る

**倉方** 建築士が構法の開発から施工まで取り組むという発想は、どこから生まれたのでしょうか。

**葛西** 最初は単純に、住宅を安くつくりたいということでした。無駄なものが多いんじゃないかと。内部の仕上げもいらない、床を張る必要もない、天井も張り過ぎじゃないか…というふうに、何が必要で、何がいらないかという洗い出しから始めていったら、これでいいんじゃないかなというところに達しました。

**倉方** その提案を単体の作品で終わらせるのではなく、「木箱」という連作として打ち出すというのは、他の設計者にはあまりありませんね。

**葛西** たとえばローコストを謳っている設計者はいるけれども、言葉で言っても本当かどうか分からない。だから実証的に示すしかないなと思ってやっているんです。これを10軒やったところで、誰も聞く耳は持たないですよ。やっと80や100まで続けたからこそ、もしかして本当なのかな、と聞いてもらえる。

■「木箱」の原点

**倉方** 葛西さんのキャリアの中で、「木箱」の原点に当たるものは何かあるのでしょうか。

**葛西** 27歳くらいのときかな、設計を始めたときに、東京・吉祥寺に来たんです。当時吉祥寺って、小さな設計事務所がいっぱいあったんですよ。でもやっぱり仕事がないから、建築士という仕事を理解してもらうために、建築士の仲間と「もう一度住宅を考える会」というのをつくったんです。もう30年以上前ですね。何回も集まって、いろいろやっていたんですが、一番若い私は、こんな活動をしていたって仕方ないなって思ったんです。「もう一度住宅を考える会」ならば、住宅の今までのつくり方、システム自体を洗い直してやったらどうかと感じていました。私が一番下っ端だったから、言う機会はなかったんですが…。でも、住宅のつくり方の状況は、30年前と変わっていないんですよ。そのときの活動のひとつに、若くて設計料をもらうのに苦労していたから、「設計料というのはこういうものだ」と広めるために、「設計料をもらう」っていうパンフレットをつくったんです。4〜5年くらいやっていたと思いますけど、今もその当時とあんまり状況は変わっていないですよね。それはちょっとはがゆいですね。

**倉方** そういった状況の中で、これからの建築士と社会との関係を、どういうものにしていきたいですか。

**葛西** 建築の職能を認めてもらうには、我々の実力を上げるしかないんです。だって今、家

をつくろうと思って建築士の事務所に飛び込んでいっても、たとえば「ローンのことは銀行に行ってください」と言われる。「工事費はいくらかかるんですか」と聞いても「ちょっと分からないです、工務店行ってください」、「登記はどうやってやるんですか」と聞いても「それは司法書士のところへ行ってください」。職能をどんどん拡げていって、あそこの建築士事務所に行けば家づくりの問題はだいたい解決する、そのくらいの職能がないといけない。その努力が足りていないんです。もちろん、それをやっている人たちはいますが、まだ一般的じゃないですよね。うちはデザインで勝負だとか言っても、お金がいくらかかるか分からない、設計がいつ終わるか分からない、工期だって業者によって違う…そういうことだったら、どんどん世界が狭くなっていっちゃいますよね。

葛西潔さん

■さらに新しい構法を求めて

倉方　「木箱」をつくり続けるうちに、葛西さんの「建築士」という存在に対する考え方も、変わっていったのではないでしょうか。

葛西　そうですね、変わりました。私だって最初は、ひとつの芸術作品をつくるつもりでした。私、篠原一男注の弟子ですからね。篠原先生は、芸術作品をつくることに人生を賭けていた人ですから。でも、そういうことに対して、弟子であっても別の人格だから、だんだんと経験を積んで成長していけば、疑問を感じるわけです。それでやっぱり自分は違うやり方でいこうと思ったんです。

倉方　芸術作品を追求するのではなく、住宅づくりのシステムを変え、職能を拡げる方法をとってきた。その代名詞である「木箱212」もすでに82軒が竣工し、ひとつの区切りとして掲げた100軒も視野に入ってきました。これだけの実績を上げられた葛西さんが、次は何をするかということに、みんな注目していると思います。

葛西　「木箱212」の仕口や他のノウハウも全部図面化して、オープンソース化していこうと思っています。それを私がやるのか、別の組織に頼むのかは分からないですけど。ただ、それにばかり力を注ぎたくない。私は、今までの経験を活かして、次の新しい構法の開発をしたいと思っているんです。それと、うちの今の欠点は、国産材じゃないってことなんです。国産材はやっぱり高いですから。でもなんとか部材を国産材で調達したい。なかなか国産材の使用は広まらないんです。でも、それを広めるためのもっと良いアイデアを、私も参加して考えていきたいと思います。

倉方　造形的なバリエーションというよりも、構法や材料からブレイクスルーしていく新しい手法を、またやってみたいということですね。

葛西　やりたいですね。

倉方　このように構法を新しいものにする、

そこまでの原点に遡って考えていくことは、通常のビルダーとか、大工さんでは難しい。やはり建築士的な視点ではないでしょうか。

**葛西**　そうですね。大工さんともだいぶ付き合っているけど、そういう発想を教育されていないし、最初のとっかかりをつくる訓練はされていないですからね。

■プロトタイプをつくる

**倉方**　葛西さんは、「木箱」の住宅について、都市型住宅のプロトタイプによる「まちなみづくり」を目指していると伺いました。その理由はどんなところにあるのでしょうか。

**葛西**　私が「まちなみづくり」と言っているのは、1街区全部を自分が手がけたいということではなくて、同じ気候、同じ風土に対応するベストマッチのプロトタイプができれば、それは自然と広まり、まちなみになっていくと思うからです。以前は、「これは昭和30年代に建った家だな」ってわかるような建物もありましたが、今は建て売りの流行はあるけれど、家づくりのプロトタイプというものは、みんなあまりやっていないんですよね。だからプロトタイプをつくっていこうという意識がありました。「プロトタイプ」という言葉を使う建築家はいるけど、それは発表のための方便であって、その後何もプロトタイプ的な活動はしていないわけですよ。でもそれは、もう少し力を入れていけばできるはずです。

**倉方**　現代的な状況を受け止め、無駄をなくして、自然にできたようなものであれば、それが一番、すっと広まるはずですよね。

**葛西**　そうですね。でもそのためには、目立たなくても建築士が活動できる状況をつくらなければならない。目立たないと仕事が来ない、活動ができない、というのはだめなんですよ。

**倉方**　お聞きしても、本来の建築家—ここでは建築士ではなく、あえてそう言いますが—らしい責任を負った思考を展開し、実際のものとして提示されていることの強さを感じました。

（2015年11月8日、葛西潔建築設計事務所にて）

注　篠原一男（1925〜2006）：建築家、東京工業大学名誉教授。代表作に「白の家」「東京工業大学百年記念館」ほか。著書『住宅論』（1970年）で「住宅は芸術である」と宣言し、前衛的な住宅作品を多く設計した。

岩崎駿介
# 豊かな建築は、豊かな人間関係があって初めて成立する

**闘い疲れて**

　僕は1993年、その前年に開かれた「環境と開発に関する国際連合会議(UNCED)」、いわゆる「地球サミット」に日本の数多くの市民活動家とともに参加し、「地球環境問題」とこれをつくり出している「南北問題」の解決に一歩でも近づくため、「市民フォーラム2001」という環境政策提言NPOを立ち上げ、新たな活動を開始した。しかし、その活動の目標であった2001年になったとき、ニューヨークの世界貿易センタービルが破壊され、現代におけるもっとも重要なこの二つの問題、つまり、地球環境問題と南北問題は、深刻さを増すばかりで解決できないことが明らかになった。

　この二つの問題は、われわれ人類にとって最も重要であり、数年で解決できる問題ではないと改めて実感し、それでは「市民フォーラム3001」、つまり1000年の月日をかけて取り組まねばならないと悟った。1000年の月日をかけて取り組まねばならないと理解したとき、僕はそれでは都市に住むことはできないと、即刻、決断した。つまり都市は、あくまで他の人に依存した生活であり、都市を基盤に人に何かを訴えても、それはある種の欺瞞であると理解したのである。

　僕は、その少し前、1998年からの3年間、衆参両議員選挙に立候補し、2度にわたって落選した疲れを、そのとき日本国際ボランティアセンター(JVC)のカンボジア責任者として現地にいた女房のところに転がり込んで癒していたのであるが、これから1000年の月日を目の前にしたとき、可能な限り自給自足的な生活をして、いかなる社会的な事変に対しても耐えられる生活を築かねばならないと、田舎に行くことを決めたのである。

図1　落日荘の敷地から足尾山を望む

岩崎駿介
　1937年東京都生まれ。東京藝術大学建築科卒業、ハーバード大学大学院都市デザイン修士。ガーナ国立科学技術大学専任講師、ボストン市役所、横浜市役所、国連（UN-ESCAP）人間居住課長を経て筑波大学助教授。これと並行して1979年から1998年まで、国際協力NGO「日本国際ボランティアセンター（JVC）」代表や環境政策提言NPO「市民フォーラム2001」事務局長などとして市民活動を展開。自宅「落日荘」は、日本建築家協会「環境建築賞」最優秀賞を受賞。

## セルフビルドの「安住の地」

　2001年9月に日本に帰国した僕ら夫婦は、さっそく田舎に土地探しをはじめ、幸運にも茨城県八郷町(やさとまち)注に今の土地を手に入れた。得た土地は1200坪、坪単価1万5000円という安い値段で総額1800万円、これは東京・日野市に持っていた土地40坪を2000万円で処分した資金によって賄った。僕らが初めてこの土地を訪れたとき、何よりも印象的であったのは、正面に標高627mの足尾山が見えたことである。僕は、この時すでに、これから建てようとする家のすべての構想を、もう頭に描いていたかもしれない。まず何よりも先に敷地の入り口に鋲(びょう)を打って、足尾山の頂上に向かって糸を引き、すべての建物をこれと並行または直角にすることを決めた。山に向かって建物をコの字に並べて中庭をつくり、それを囲んで建物、木々、そして山々という三重の囲いに囲まれた永遠の「安住の地」をつくりたかったのである。

　僕らは、あえて大きい家に住みたいと思っていたわけではないが、どのような家にするかをスケッチするうちに、家はどんどん大きくなった。これだけの大きな家をつくるには金が足りないと思い、大工への支払いを避けるため、セルフビルドで建てることにした。2001年10月に敷地の草刈りから始めて8年の歳月、2人で黙々と作業を進めた。僕は設計を生業としてきたわけではないので、この家は僕が設計し実際に建った建物の3

注　現・茨城県石岡市(2005年に合併)。

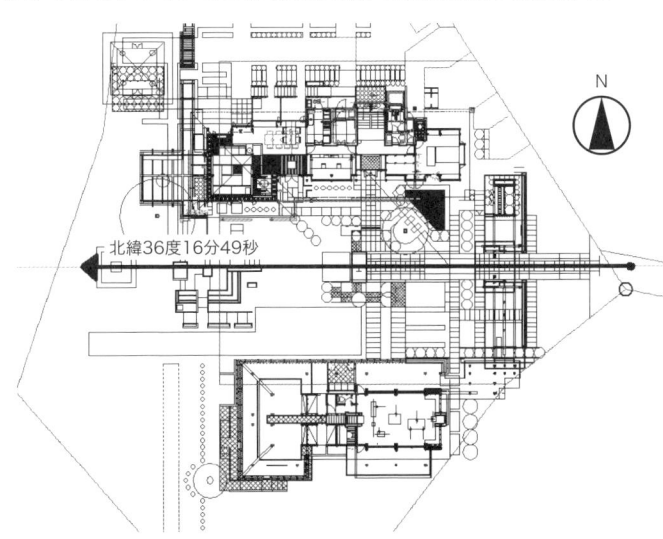

図2　足尾山に向かう北緯36度16分49秒の緯線に沿って、すべての建築物を配置する

件目になる。設計とは、その土地に内在するエネルギーを形化することと心得ているので、あまり自己主張する手法はとらない。そしてなにより、僕の空間志向性の中に「壁をつくらない」「空間を遮蔽しない」という意識がある。最後まで「透過したい」という潜在的な欲求があるのだ。それを捕捉するため、空間における対称性、つまり大小、左右、明暗、強弱などリズムをつくり出す手法を幾重にも尊重する。

## 田舎の若い移住者とつくる未来

僕らがこの田舎に住み始めて何よりも感じるのは、都市より「田舎」が数百倍、豊かだということである。自然には、実に汲めど尽きぬ魅力がある。自分で食べるものは自分でつくらねばならないと5畝の田んぼを借りて米をつくり続けた。しかしこの地においては、僕らは最後まで「新参者」である。この田舎には古くから人々のつながりがあり、そのつながりに容易に入ることはできない。だが、いま田舎も急速に変わりつつある。農業を続ける人は皆、60歳以上で、間もなく伝統的な農村社会は崩壊せざるをえないであろう。しかし同時に、今、急速に若い都会の人たちがこの村にも移住し始めている。僕ら夫婦は、できることならこの若い人たちと未来に向けて村づくりをしたいと思う。

図3 「落日荘」完成予想図。中庭から足尾山を望む

図4 落日荘と鯉のぼり

　有機農業に精を出し、エネルギー需給を工夫し、廃棄物を循環させて地球の永続性を確保したい。この村の若い人たちとつくった「八郷村宣言（試案）」という文章の中に、「私たちはこれからの地球時代／これまで当たり前と思っていた自分たちの便利で安直な暮らしを見直し／それが、日本の一部地域や海の向こうの南の人たちを／痛めつけているという事実をしっかりと理解して／八郷の地で、新しい生活を築いていきたいと思います」という一節がある。

## これからの豊かな建築のために

　僕が大学を卒業してから64歳でこの八郷の村に引っ越すまでの約40年間、正直、僕は建築よりも「社会」に興味を持ち、世界各地を遍歴した。そして、この地球上には物資的に富めるものと貧しきものがいて、物質的に貧しきものほど精神的には豊かだと考えるようになった。際限なく物質的拡大を要求する人類が、今後、平穏に暮らしていけるかは大いに疑問である。他国の人を痛めつけ、自分が住んでいる基盤である環境そのものを見えないようにしてつくる都市が、どこまでその生命を維持しえるだろうか。少なくとも自分の農地に30分以内に到達できない東京その他の大都市は、いずれ崩壊する。豊かな建築は、豊かな人間関係があって初めて成立しうる。「これからの建築士」はこのことを肝に銘じ、生きる指針とすべきと思う。

図5 落日荘の居間

図6 豆をむく女房、美佐子。彼女は、大工以上に大工ができる

対話―岩崎駿介　×吉良森子・倉方俊輔
# 落日荘までの40年

岩崎さんは今回取り上げた中でも最年長だが、その考え方は若々しく、柔軟だ。常に新しい社会をつくろうと、アフリカからアメリカ、横浜、タイ、そして茨城へと世界中を渡り歩く中で、岩崎さんは「都市」の限界を感じ、1000年先を見据えて「田舎」に自らの拠点「落日荘」をつくる選択をした。豊かな建築をつくる基盤となる、豊かな社会の人間関係を構築していく姿勢に、感銘を受けた。

## ■アフリカ・ガーナへ

**吉良**　岩崎さんは横浜市にお勤めになられていたこともあれば、アフリカやアジアで仕事をされていたこともあって、さまざまなステップを踏まれておられます。それぞれのステップのお話を聞かせていただけますか。

**岩崎**　僕は物をつくるのは好きだったんだよな。それで東京藝術大学に行った。親父は出版社で子どもの本を出版していたんだけど、戦前はマルクス系の本を出して牢屋に入れられたりしていた。その影響か、藝大に入って僕は学生運動ばっかりやっていて、年を経るごとに成績が悪くなり、僕の教師だった吉村順三[注1]さんに、総合成績Dでよければ卒業させてやると言われて、1963年に学校を出て、友達と設計事務所を始めたんだ。オリンピックの頃で、社会がどんどん動いていくわけ。高度成長期の初めだった。僕は、急速に変化する社会と自分の行為がどう関わっているのかを見たいと思ってガーナに行こうと考えたんだ。ガーナは、アフリカで1957年に最初に独立を回復した国で、ガーナの初代大統領、クワメ・エンクルマが書いた本にとても興味を持ったんだ。

**吉良**　いきなりですか。社会と自分のつくる行為の関係を知りたいと思うのと、ガーナっていうのはかなり距離がありませんか。

**岩崎**　僕は「石橋を叩く前に、もうすでに渡っている」とよく言われるんだよ。ガーナは独立後、ダムをつくったりして工業化を試みていた。国づくりに自分がどう関われるのか試してみたいと思って、大使館に行って、住宅公団があれば働きたいと言ったんだ。そしたらラッキーなことに、ガーナ国立科学技術大学の建築科の講師になれたんだ。大学ではガーナ人は2人しか教えていなくてあとは欧米人なんだ。当時の日本の初任給が1万5千円の時代に、僕はいきなり欧米人並みの20万円の給料をもらった。2年間ガーナにいたんだけど、使いようがないから金が溜まった。それで今度はアメリカに行った。ハーバード大学にアプライしたんだ。

## ■ガーナからアメリカへ

**吉良**　ハーバード大学に行こうと思ったのは、どうしてですか。

**岩崎**　ガーナの大学にはアメリカから来た講師がたくさんいた。都市計画を勉強したいと思って相談したら、ハーバードがいいだろうと言われたんだ。建築は都市という全体の一部分なんだよ。どんなに良い住宅を設計しようと思っても、周辺の環境ですでに80％が決まっている。良い「住宅」は良い「都市」でなければつくれないといつも考えていた。だからハーバードで都市デザインを勉強したんだ。ハ

ーバードは面白かった。そして、たくさん論文を書かされた。僕は藝大卒で感覚的な自信はあったけど、ハーバードでは論理的に考える技術を身につけたと思う。

**倉方**　当時ハーバードで教えられていた内容はどういうもので、それをどういうふうに受け止められましたか。

**岩崎**　アメリカの当時の都市計画は、自動車社会だから歩行者をどうやって回復するかというのが主流だった。ベトナム戦争の最中で、ハーバードの大学院を卒業した後はボストン市役所で中心市街地の再開発に関わり、その後、黒人街の再開発をやっている事務所に就職した。一番印象深かったのは「地域自治」とは何かということを学んだことだ。ボストンのことはすべて市役所で決め、国の指図は受けない。自分のまちは自分で治めるという「自治の精神」が満ちていた。そんなとき、当時読んでいた『朝日ジャーナル』に、横浜市長の飛鳥田一雄[注2]が「地域自治」の重要性を説いていたんだ。そこでさっそく「横浜市で働きたい」と申し出た。

**吉良**　今度は横浜ですか。

**岩崎**　日本に帰ろうと思ったんだ。ガーナに行き、アメリカに行き、給料も36万円ももらって、もう十分技術者としてやっていけた。でも中途半端な関わり方はダメだと思った。アメリカの黒人と白人の対立は深刻で、都市計画にもそれが表れる。アメリカで「良いまち」をつくろうとするなら、黒人と白人の関係を自分の問題として捉えない限り良い設計はできないと思った。自分がよくわかる社会に関わりながら、自分の職能を生かさなければならないと思って、アメリカはもう切り上げようと思ったんだ。

### ■飛鳥田市長のもと、横浜市に勤める

**吉良**　藝大卒業が1963年でしたよね。

**岩崎**　そう。その後、63年から66年まで友人と設計事務所、66年から68年までガーナ、68年から70年までハーバード。70年から71年までボストン市役所や黒人街開発の事務所。71年に横浜市に入って79年までいた。9年間もいたのは横浜市がとても面白かったからだ。市長が、「国の言うことを聞くのではない。地方自治を盛り上げるために、好きなようにやりたまえ」と職員を励ましていた。

**吉良**　横浜市にいたときの9年間は都市計画をやっていたのですね。

**岩崎**　まさに都市計画。再開発からニュータウンまで、大規模な開発計画のための条例作成や調整に毎日取り組んでいた。

**吉良**　都市計画局があったのですか。

**岩崎**　あったけれど、僕が所属したのは企画調整局で、飛鳥田市長が新たにつくった部局だ。役所の「縦割り」機構の中で横浜市の主体性を発揮するためにつくった「横割り」組織なんだ。ここが市長の偉いところで、縦割りだと国の言うことを聞くことになるから、企画調整局をつくって横につなげたんだ。そこのヘッドに建築と法律を東大で学んだ田村明[注3]氏を据えた。重要なプロジェクトは、企画調整局を通さねばならないというルールを市長がつくって、僕なんかは下っ端の若造だったけれど、全体を支配できる部署にいたので、能力以上の力を発揮することができた。

**吉良**　都市計画に関わる、交通、消防、上下水道などすべてをコーディネートしてデザインする部署にいたのですね。

**岩崎**　たとえば、駅前のバス広場の改造。駅から吐き出される歩行者、駅前の国道、横浜市の市営バス、タクシー、さらに周辺商店街の人

たちなどたくさんの利害集団が関わっている。ところが歩行者が駅から出てきて、どうやってスムーズに歩けるかってことには、誰も関心がなく、自分たちの利益ばかり考えているんだ。バスの運転手が疲れないようにとか、商店街の売り上げが増えるようにとか。僕みたいな若造でも後ろには市長がいることはみんな知っているから、理にかなったことを言えばみんな認めざるをえなかった。

**倉方** 当時の横浜にはどんな問題があり、また何を目標としていたのでしょうか。

**岩崎** 横浜市は東京のベッドタウンじゃなくて、主体的な都市にしようと頑張っていた。働く場所を市内に確保して、東京に支配されないという基本的な方針があった。しかし、東京の都市化の流れをもろに受けてインフラストラクチャーの改変をやらなきゃならなかった。地下鉄を敷き、高速道路をつくってベイブリッジを架け、人口増加に応えるために小中学校を毎月1校つくらねばならないときもあった。都市化の波に応える事業に忙しかったから、「こうしたい」というより、時代の波に翻弄されていたというのが正直なところかもしれない。しかし、横浜市はそれでも最大限の努力をしたと思う。横浜市は、いかなる計画もコンサルタントや建築家には丸投げせず、都市の側からの要求をはっきり持って対応した。はっきりとした都市計画の主張を持つこと、これが実に大切なのだけれど、残念なことに日本の役所は、いまだこの力を獲得できず、個性ある魅力的なまちを築くことができていない。

飛鳥田市長が辞めて、自治省の元事務次官が横浜市長になったので、僕は国家公務員だった人の下で働くことはできないと即刻、横浜市を辞めた。そして国連に行った。その当時、アメリカの大学を出て英語ができ、開発途上国での経験もある人は僕の年代では皆無に近かったので、すぐ採用されたんだ。

## ■国連に勤め、スラムに魅了される

**吉良** 国連に行こうと思ったのはどうしてですか。

**岩崎** それはね、やっぱりもう1回世界を見たいと思ったんだ。そして、バンコクにある、国連のアジア太平洋地域の39か国を管轄する地域事務所のひとつ「ESCAP(国連アジア太平洋経済社会委員会)」のスラム担当課長になった。開発途上国の都市にはかならずスラムがある。人口の2〜3割はスラム住民で、道路や下水も不完全で、衛生状態に問題がある。非常に深刻な問題なんだ。

**倉方** スラム担当課というのは、国連の中でどのようなことを目的にしている部署なのですか。

**岩崎** 国連は機能別に、たとえばUNICEFは子どもの問題、WHOは健康の問題という具合に、縦割りで機能を分担する機関と、世界を五つの地域に分けた横割り的な地域事務所があって、ESCAPはアジア・太平洋地域を担当している地域事務所なんだ。具体的には、アジア各国が莫大なスラム人口を抱えているから、その解決のために国際的な専門家会議を主催したり、専門家を雇って調査をして、情報交換する。正確には、人間居住(Human Settlement)課といって、要するに、スラムをいかに解消するか、という部署にいたわけだけれど、逆に僕はスラムの中の人間関係と空間にすごく魅力を感じるようになっていったんだ。スラムは濃密なコミュニティ社会であり、強烈な住民の助け合いがある。東京の下町のように、プライバシーよりも共空間を大切にしていて、そこは実に魅力的な空間なんだ。

**吉良** 国連では何年間お仕事をされたんで

すか。

**岩崎** わずか3年。子どもが大きくなって、日本語教育を受けさせようと判断したんだ。国連の仕事は有意義だし、たくさんの給料もくれるけど、やはり役人。一生やる仕事とは思えなかった。ちょうど筑波大学から先生になりませんかって言われた。ちょっと自慢話になってしまうけど、ハーバード大学デザイン学部の学部長になりませんかって言われたこともあったんだ。横浜時代の経歴を知って推薦されたのだけど、アジアに目覚めた僕はハーバードに興味を持てなかった。都市にはもう関わりたくないっていう実感が強かったんだ。

**吉良** それはなぜですか？

**岩崎** 「都市デザイン」とは、要するに都市のことを教えるわけだ。かっこいいストリートをつくりますとかファンシーな住宅街をつくりましょうとか。でもそういうことにはもう興味がなかったんだ。かといってハーバードで開発途上国問題を真正面から課題として取り上げる勇気はなかった。

**吉良** でもハーバード、ボストン、横浜ではかっこいい「都市」をつくろうとしていたのですよね。

**岩崎** まさにそうだよ。ところがアジアのスラム課長になって、都市はまがい物というか、「くさい」というのがよくわかった。「都市」じゃなくて、やっぱり「農村」が基本だっていうことを知ったんだ。スラムに住んでいるのは最近田舎から来た人たちばかり。森林伐採や温暖化による洪水で農地を失い、あるいは内戦に追われて都市にやってきてスラムをつくる。都市が田舎の居住環境をみんな壊していくから、都市にスラムが生まれる。スラム問題を解決するには農村問題を解決しなきゃいけないと強く思ったんだ。

## ■NGO活動を通して農村問題に取り組む

**吉良** スラムに住んでいる人たちが、農村に帰れるような状況をつくることが解決策になるということですか。

**岩崎** そこがまた難しい問題だ。都市化やグローバリゼーションの波の中、帰還させることは非常に難しい。ベトナム、カンボジア、イラク、ソマリア、アフガニスタン、シリアなど、それぞれの地域で生きていた人が、生活の場を奪われて最初は難民となり、そのうち都市に住み着く。スラムの住民は、歴史を経てみんな普通の都市住民になっていくわけだ。日本だって同じだ。東京の下町も、もとをたどれば農村出身の田舎者のまちで、屋台や住民相互の助け合いの習慣も、もとはといえば農村に根ざしたものだ。そうやって都市は常に膨張していく。農村から都市に移動している歴史があるんだよな。2008年に、国連の統計上、世界の都市人口がはじめて農村人口を上回った。僕は、国連をやめて筑波大学で教えながら、実際は学生に対する教育以上に、国際協力NGO「日本国際ボランティアセンター（JVC）」の活動に精を出していた。農村が戦争に侵されても、都会には逃げ出さずに永続的な生活を維持できるよう、有機農業を中心とした地域おこしを数多くの国で実践してきたんだ。農村をいかに自立させることができるか。人を農村に帰すことまではできないけれど、少なくとも、農村を出なくてすむようにしようとしたんだ。でも結局都市化の波が農村コミュニティを崩していく。

1992年、ブラジル・リオデジャネイロで「環境と開発に関する国連会議」、通称「地球サミット」が開かれたとき、数多くの日本の環境活動家と一緒に参加した。それ以後も「市民フォーラム2001」というNPOをつくって地球環境問題の重要性を訴えて政策提言に精を出し、2回に

わたって国政選挙にも立候補し、そして落選した。

2001年、ニューヨークの世界貿易センタービルが破壊され、地球環境問題と南北問題はさらに厳しくなった。それで、「10年や20年、この問題に取り組んでも解決できない、だからこれから1000年、頑張ろうぜ」と「市民フォーラム3001」という新しい組織を提案したんだ。僕自身がこれから1000年生きるとしたら、可能な限りの自給自足をして、どんな状況でも生き延びることができる田舎に行こうという決心だった。僕はこの時64歳、ガーナの時から一緒に歩いてきた女房は57歳。1000年のスパンで考えたときに、最初の20年間を、自分の基地づくりに費やそうと思ってここ茨城県八郷町に来たんだ。そして、この落日荘をつくりはじめた。ここには、都会はもう危ないと考える若い人たちが続々とやってきていて、新しい運動が起こりつつある。40歳前後の人が中心で、そういう人には、僕なんか到底及ばないと感じているし、心から敬意を持っているんだ。僕たちもそういう若い人たちの運動に参加していきたいと思っている。

(2015年11月5日、落日荘にて)

注1　吉村順三（1908〜1997）：建築家、東京藝術大学名誉教授。代表作に、「軽井沢の山荘」「旧園田高弘邸（p.172）」など。
注2　飛鳥田一雄（1915〜1990）：日本社会党の政治家。1963年から1978年まで横浜市長を務め、革新首長の中心的存在とされた。
注3　田村明（1926〜2010）：都市政策プランナー、法政大学名誉教授。横浜市の企画調整局長、技監として、横浜のまちづくりを率いた。

吉良森子さん(左)、岩崎駿介さん(右)

日建設計ボランティア部

## 日建設計ボランティア部［逃げ地図］
# リスクを可視化し、合意形成のプラットフォームをつくる

**日建設計ボランティア部**
2011年の東日本大震災後、何か被災地の復興に役立てないかと日建設計若手有志で考え始めたことを契機に、羽鳥達也・谷口景一朗らが中心となって逃げ地図ワークショップ活動をスタートした。現在は、千葉大学木下研究室・明治大学山本研究室等の外部パートナーとともに活動の幅を広げている。2012年グッドデザイン・ベスト100、2014年Code For Resilience世界大会最優秀賞を受賞。

### 逃げ地図とは

「避難地形時間地図」(通称：逃げ地図)とは、詳細な避難地図づくりから震災以後の新しいまちづくりのための方法論を志向する一連のプロセスである。このプロセスは、今後縮退していくと予想されている多くの地域文化を守りながら、震災に学び、人命が守られやすいまちづくりや都市計画を基本とした地域改変を可能にしようという試みである。

### 逃げ地図の作成方法──リスクの可視化

2011年の東日本大震災直後の被災地では余震が続き、人々は無数の不安に苛まれていた。通常、建築設計では動線計画や避

図1　気仙沼市大谷地区の逃げ地図。過去の津波の履歴を重ね合わせることで場所ごとの浸水頻度を、また高齢者が避難に要する時間によって道路を色分けすることで逃げ遅れるリスクを可視化している。また、逃げる方向の矢印を記入することで、最短で高台に逃げるルートが一目で分かる地図となる

難計画を行うために、避難や火災のリスクを明確にする。逃げ地図をつくり始めたきっかけは、人々の不安要因を明確にし、その対処法を示すことが、私たち建築士が専門知を活かして被災地に貢献できることではないかと考えたことだ。そこで気仙沼市大谷(おおや)地区をモデルに津波によって浸水するリスクと津波から逃げ遅れるリスクという代表的な二つのリスクを可視化することを試みた(図1)。

　浸水リスクは過去の代表的な津波浸水域を重ねて表現することで、場所ごとの浸水頻度を表現することができる。次に避難にかかる時間を地図上で可視化して逃げ遅れるリスクを可視化する。ここで肝心なのは、どこを目標地点として設定するかである。東日本大震災では、指定された避難所が想定外の津波によって浸水し、避難していた多くの方が亡くなられた。そのため、特定の避難所をゴールとするのではなく、安全な標高の場所につながる道路、すなわち最大浸水域の境界と道路が交差する点を避難の目標地点に設定することとした。これ以上の高さに逃げるかどうかは自主判断によることとする。避難時間の可視化には、その目標地点から逆算し、単位時間ごとに色分けする方法をとった。後期高齢者が10％勾配の坂を上る速度は分速43mを基準とし[注]、避難に要する時間が3分以内の道路を緑、3〜6分までを黄緑、6〜9分までを黄色というように色分けしている。三陸地方のようにリアス地形により道路の形状が複雑な場所では、避難地点までの直線距離は同じであっても実際に道路を使った避難に要する時間には差が出る。この表現により逃げ遅れるリスクが一目で分かるようになると同時に、避難ルートを追加すべき場所が明らかとなる。

## 逃げ地図の利用方法

　逃げ地図ができると、避難方向が詳細に分かるようになるので、避難誘導サインを計画することができる。また逃げ地図に避難ルートを追加して色を塗り直せば、元の逃げ地図と比較することで、追加した避難ルートによる効果を視覚的に判断できるようになり、その整備費用を算出すれば提案ごとの費用対効果も比較検討ができる。避難タワーや避難ビルに指定すべき建物についても、目標地点として追加して色を塗り直すことで、より効果的な場所を判断できるようになる。さらに、逃げ地図を利用して高台移転についてもケーススタディを行った。逃げ

注　歩行速度は「高齢者・障害者の道路交通計画」(秋山哲男ほか『高齢者の住まいと交通』東京都立大学出版会、2001)より引用。勾配による速度の低減率は「心拍数から見た山林労働者の歩行負担(2)」(京都大学和歌山演習林における実験例)を参考とした。

遅れリスクと浸水リスクとを重ね合わせると、どの地域を優先して移転すべきか明らかになる。また逃げ地図によって各地域にとっての効果的な避難場所が分かるようになるので、集会所（兼避難所）の位置の見直しの際にも、地域の慣習などを鑑みた位置に集会所を設ければ、避難ルートを通ることが習慣化し記憶されやすくなるだろう。このように逃げ地図の利用方法は多岐に渡る。

## ワークショップにおける発見

私たちはこれまで陸前高田市長部地区や南三陸町戸倉地区長清水、気仙沼市大谷地区などでこの逃げ地図を地元の方たちと一緒につくるワークショップを行ってきた（図2）。そこで見えてきたのは、地域のリスクを構造的かつ体系的に理解していく地元の方たちの姿であった。こちらから説明するまでもなく、どこに避難ルートを追加した方が緑色の道が増え安全であるかと議論が始まり、低地への工場の誘致候補地はより安全な色の地域を優先すべきだ、などといった発言が上がる。これらのワークショップを通じて、俯瞰的な地域の情報と、生活者でしか知りえない詳細な地元の情報の両方を同時に眺めることを可能にすることが確認できた。逃げ地図が避難安全性をベースとしたまちづくりのプラットフォームとなることを確信できた出来事である。

## シミュレーションの活用

施策費用をより正確に見込むためには、避難タワーの規模や避難ルートの道幅や構造を設定する必要がある。そのためには

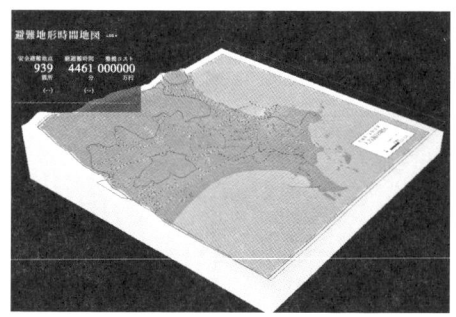

図2　ワークショップの様子

図3　逃げ地図2.0

利用人数をどの程度見込むべきかが問題になる。そこで「シムトレッド」という建築用の避難シミュレーションソフトを利用し、利用人数の想定・検証を可能にした。また数多くの施策について費用対効果を比較でき、そのログを記録できるシミュレーションソフトを開発した。具体的には逃げ地図を自動で描画し、そこに避難ルートや避難タワーをクリック・アンド・ドラッグで追加できる。すると、その施策が加わった逃げ地図を再描画し、避難時間の短縮や、施策の金額を瞬時に算出するのだ。これを逃げ地図2.0と呼び、Web上で閲覧・操作ができるようにしている（図3）。これは、まちづくりにより多くの人々が参加することを可能とし、さらにより効果的な施策の発見も可能にしようという試みである。

## 震災の学びを活かすまちづくりのために

今後は土砂崩れや川の増水など地域ごとのリスクにも対応した逃げ地図の表現方法やプログラムの改良を重ねていく予定である。また、時間の経過とともに被災地において行政が住民によるボトムアップ型の復興案を求めるケースも出てきている。その際に立案のプロセスを説明できる逃げ地図の方法論が有効であることに異論はないであろう。

一方で未被災地区でも逃げ地図を利用したまちづくりを考えたいという要望もある。鎌倉市材木座では市民団体や中学生を対象に逃げ地図のワークショップを行い、地域防災に活かしていただいている（図4）。逃げ地図を通じて震災での学びを全国で活かせたなら、被災地の方たちを勇気づけることにもつながるのではないかと考えている。

図4　鎌倉市材木座の逃げ地図

対話―日建設計ボランティア部　×倉方俊輔
# 住民が主体的に考え続けられる仕組みをデザインする

東日本大震災からの復興に、建築士はさまざまなかたちで取り組んできた。日建設計ボランティア部の「逃げ地図」もそのひとつだ。先進的なシミュレーションに裏打ちされた、住民とともに復興を考えるワークショップ活動は多くの地域に広がり、ボランティア活動として大きな成果をあげているが、その背景には建築士の職能や対価につながる思想があった。

## ■住民が情報を与える側になる

**倉方**　「逃げ地図」は、まずはヒアリングに基づいて作成し、次の段階で現地ワークショップに踏み切ったと伺いました。現地での成功の理由は、一言で言うと何だと考えていますか。

**羽鳥**　結果的に、情報提供者になっていただいたことだと思います。2011年12月に岩手県陸前高田市で行った初めてのワークショップでは、実際にどこまで津波で浸水したのか分からないので教えてくださいと、最初に住民の皆さんにお話ししました。その瞬間に、ワークショップを受ける立場でなく、我々に情報を与える側に変わったんですね。7人のおじいさんがいたんですが、我先に、ここはここまで津波が来た、ここは何々があったと教えてくれました。
　参加される方の理解度はとても高いんです。逃げ地図では、避難経路を足したり避難ビルを新設したりするとルートの色が変わって、まちを安全側に変えていけるのですが、その仕組みの説明を最初はしなかった。でも、崖のある集落で「最近ここに建った工場に崖に登れる階段をつくったら、赤色が緑色になるね」ということを、まったく説明していなかったのに彼らが言い出しました。だったら工場を誘致する時にはこの緑色に近いところにすればいいんだね、という話も始めて。周りの方々も、こんなにおじいさんたちが生き生きとしゃべった

のは震災以降で初めてだと喜んでくれました。

**倉方**　予想以上に現地では手応えを感じたんですね。

**羽鳥**　後から市の方に、よくあそこでワークショップができたねと言われました。そこは七つの集落で構成されているんですが、それぞれの土地や生業の性格が異なっていたりして、人間関係が簡単ではなかったそうです。

**倉方**　それは、ワークショップをしている時には感じなかったのですか。

**谷口**　感じなかったですね。地図を囲んでいる参加者の皆さんが、お互いを押しのけて塗っていくような盛り上がりでした。

## ■「間違いのなさ」ではなく、
　　考え続ける仕組みを提供する

**倉方**　最初のワークショップで、逃げ地図のワークショップが持つ求心力を発見されたということですね。さらにその後の展開の中で気づいた副産物のようなものはありますか。

**羽鳥**　だいたいどこのワークショップに行っても、こんなのは意味がないと言い出す人はいるんです。その時に必ず、これは練習だと、最終形ではなくて、ある想定に基づいたシミュレーションなので、まずやってみてから考えませんかと言います。まちの状況は変わるし、価値観や住んでる人たちの状況も変わる。なの

に、ある時点での正解が生まれて、それが延々と正しくあり続けるということはありえないと思います。ワークショップで被災地に入って、逃げなかったことで失われた命も多かったと、いろんな集落で聞きました。まず逃げるんだという意識を持ち続けるには、ある周期で、リアリティを持って考え続けることこそが重要でしょう。考え続けるために何が必要かと言ったら、正解を出さないことですよね。常に間違っているかもしれないというモヤモヤを抱えて、みんなで考え続ける状況をつくる方がいい。我々が通常、業務で行うシミュレーションは間違いがないことを求められますが、それに気づけたのが、ワークショップを通じての副産物です。

あとは、先ほど述べたような、住民に情報提供者になってもらうという相互関係ができることですね。逃げ地図が生きたものになるには、現地で提供されるリアルな情報が不可欠で、結局、現地の情報がないと完成しない。これはワークショップを行わなかったら分からなかったですね。この隙間が通れるのかといったことは地図を見ても、グーグルアースを見ても判別がつかない。それによって逃げられるポイントが変わるので、我々がワークショップの事前にする想定に意味がないんじゃないかと思えるくらいです。

**倉方**　一応、建築士はエンジニアの一員であり、エンジニアは間違いがないということになっています。特に大手組織設計事務所の場合、その期待値が受注の大きな源泉でしょう。通常は、お金の対価として「間違いのなさ」を提供している。少なくとも、社会に対してそれを装うことが必要になる。シミュレーションもその一環のように見えてしまうものですが、逃げ地図は、シミュレーションという通常の業務と共通のツールを使って、通常と逆の期待に応えていますよね。羽鳥さんたちは、この通りに逃げればいいですよと、「間違いのなさ」の装いを提供するんじゃなくて、内在的に考え続け、意識し続ける力を住民に提供している。シミュレーションを使って情報を提供してもらうことで、状況はこれからも変わるかもしれないから、住民側に決定の責任も主体もあるんだということに気づいてもらうんですね。

**羽鳥**　実際には私たちもシミュレーションというものを、常にそれが間違いがないわけではないということを意識しながら使っています。シミュレーションをしても、現実にできあがるまでは、私たちも不安なんです。逃げ地図は、その不安を住民側も共有するという話で、彼らがシミュレーションを自分たちで行って、それをまちのみんなに見せたときに、これが本当に正しいのかということは、彼らが問われるんです。シミュレーションすればするほど、悩むし、だからこそ考え続けるという、私たちの業務上の経験を住民の方にもしてもらうことが有効だと考えています。

**倉方**　近年、より「間違いがない」ことに対価をもらうという原理が、社会でより進行しています。片方は「お客様」として持ち上げられるが、実は蚊帳の外に置かれ、弱体化させられている。もう片方は「間違いのなさ」を売っているから、そうでないということになると「プロなのに」と糾弾されて、プレイヤーが交代して、それで終わり。東日本大震災って、そういうことじゃないと発覚した出来事だと思うんですが、ますますそっちに社会が向かっている。逃げ地図はそれに対する静かなアンチテーゼになっている。私はそれがすごく思想的で、いいなと思うんですよね。

**羽鳥**　住民に考え続けてもらう方が結局、参加している方々も生き生きとするし、我々もワークショップが行いやすくなるということも、

ワークショップをしていく中で気がついたことです。でも考えてみれば、それは普段の設計の業務と同じです。ある程度の部分は任せてもらう。だけどその決定は、クライアントの側の責任だって自覚してくれていると、我々もこの人のためには誠心誠意やろうと、モチベーションが上がる。良いお客さんとの関係と一緒なんですよね。

## ■アバウトに機能するツール

**谷口** 設計者がユーザー側をもっと巻き込むべきだと、すごく感じています。私は大学院のとき、難波和彦さんの「箱の家」で実測やシミュレーションをやっていたんです。環境的なことをいろいろ配慮して設計をするのですが、その運用段階で省エネになっているかどうかは、ユーザー側の使い方によるところが支配的であって、結局その設計意図を理解してもらっていなければならない。意図を理解してもらうために、どのスケールでシミュレーションをして、エビデンスを出すかが重要なんです。たとえば、車の中の空調を解析するとなると、細かくメッシュを切ってシミュレーションしますが、建築や都市空間になると、かなりメッシュが粗くなります。適切な「間違いのなさ」を提供するために、どのスケールでシミュレーションをすべきかを設計者側が理解していると、よりクライアントと一緒につくっていこうという余地を残した提案ができると思います。

**羽鳥** 逃げ地図も、集落の細かいところは不正確かもしれないけれど、おおむねどっちに逃げたら早いのかという構造は、一目瞭然で分かるんですよ。どこの集落でも、だいたいみんな海から離れる方向に逃げようとしますが、実は高台の位置によっては海岸線と平行に逃げた方が早いということも多い。それが如実に分かるんですよね。

**倉方** 建築のプロが面白いのは、割とアバウトなんですよね。シミュレーションでも、通常のエンジニアリングは精緻な方、精緻な方へと向かうんだけれど、建築って結局、現場でつくらないといけないし、使う人間や状況も変わってくるので、割と適当なところがある。アバウトなところで機能するツールをつくれるのが、建築の仕事の、他のエンジニアリングと少し違う秀でた部分だと思います。

**羽鳥** 専門に分化したエンジニアリングは、どんどん囲い込んでいって、それは我々にしかできない、というものにしないと対価が発生しないんですね。建築だと、過度に正確なシミュレーションは、使い方が多様だったり、予想外なことがたくさん起こるので、あんまりやっても意味がないから、成果としては物としての設計自体が対価になっている。ただ、それ以外の過程やマネジメントは、実は今まで対価になっていないんですよね。

## ■コミュニケーションの質を変え、対価につなげる

**倉方** 個人として、建築士を取り巻く世界がどうなってほしいと思いますか。

**羽鳥** 制度として上から法律を改正して、もっと建築士にお金を払いなさいと言っても社会は納得しないと思うので、設計プロセスでのサーベイにどういう価値があるのか示して、クライアント側が、そのお金を払う気になるようにするしかないと思うんですよね。それは難しいんですけどね。その点では、逃げ地図を経験してから、結構僕の中では仕事の仕方が変質しているんです。

今設計しているある研究所では、200人くらいの研究者全員に、研究所に朝来て帰るまでの

動線などを全部描いてもらって、それをすべて情報として重ねて分析しています。そういうふうに情報提供者になってもらって、設計に参加してもらうことがすごく重要で、そこから驚きの事実が発掘できれば儲けものですけど、当たり前の事実を確認するだけでも十分なんですよね。階段は結構みんなよく使っているとか。そんな当たり前のことがビジュアライズされると、じゃあみんな使うなら階段は豊かにしようという約束事が生まれる。階段とかに設計者は割と凝るけど、そういうことに関して使い手は「階段になんでそんなにお金かけてるの」って、白けているんですよ。だけどそういうエビデンスが共有されると、階段にコストをかけることがそれなりに重要なんだということが分かる。

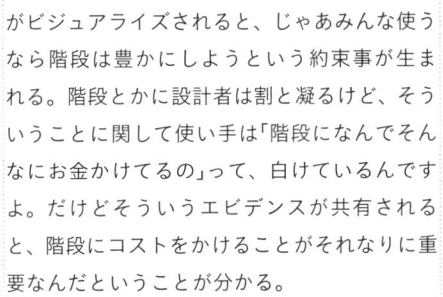

　コミュニケーションの質が変わると、インプットが変わるから、当然アウトプットも変わる。インプットを変えて提供されたものに対して、いいものができたな、と思う人が増えたとき、やらなければいけないのは、「実はこれは、普段はやらないことだったんです」と言うこと。それを対価につなげていく。

**倉方**　情報提供者になることは、建設行為が自分事になっていくということで、それがその後の満足度につながってくる。同時に、自分事として考えたことが設計者によって合計されて示されると、「我々」というかたちで愛郷心とか、オフィスビルなら愛社心といったものが見えてくる。すると「我々って逃げないといけないんだな」と思ったり、あるいは愛社心に助けられたりするわけですよね。そういうものをつくる時に提供したということに対して、プラスアルファでお金を払ってもいいですよね。

谷口景一朗さん(左)、羽鳥達也さん(右)

**羽鳥**　壁をどういう仕上げにするかとか、最終的なところは、我々のデザイナーとしての責任でデザインすべきだと思うんですよ。そういうところまでワークショップでやって、やっぱりキャラクターの壁紙が良い、となるのはあまり良くない。だけど、設計の空間の方向性を成り立たせる原理みたいなものは、みんなでつくってもらう。その下地を持っているかどうかってすごく重要だと思うんですよ。

　その関係性が専門分化して「あなたたちは座っていてください、我々がちゃんとやりますから」ということだと、ビジネスは楽だし、お金が発生するのも分かりやすい。でも、分かりやすいことが実は孕んでいた良くない面が震災で出たと思うんですよね。「町のことは役所が責任を持ちます。避難計画は我々がやりますからあなたたちは考えなくていいです。この地図に従って逃げてください。考えずに逃げなさい」。考えるということがなかったから、逃げることにリアリティが持てなかった人たちは逃げなかったわけです。考えさせない簡単なビジネスが孕んでいた問題が、3.11以降に自覚された。そこをきちんと変えていくのが、我々のこれからの責任なんだろうと思いますね。

(2015年11月20日、日建設計本社にて)

善養寺幸子 ［学校エコ改修事業］
## エコ改修を通じて、地域の人と技術を育む

### エコハウスの需要者と供給者を育てる

「学校エコ改修と環境教育事業」は、2003年、環境省が民間からの政策提言を求める「NGO/NPO・企業環境政策提言」事業に応募し、優秀提言として選定され、モデル事業化されたもので、極めて珍しい民間発案の政策事業だ。

2000年当時、まだエコハウスは今ほど脚光を浴びておらず、特殊なものと見られていた。他方、環境省では省エネになるエコハウスの普及を掲げ、消費者にエコハウスに関心を持たせる政策を行っていた。しかし、需要を喚起しても供給サイドの建築士が対応できないのが実態だった。第一線で活躍する40〜50代の建築士たちの学生の頃は、地球温暖化などを意識する時代ではなかったので、環境工学を真面目に学んだ学生は希少で、

**善養寺幸子**
　一級建築士、政策コンサルタント。株式会社エコエナジーラボ代表取締役。
　1998年、一級建築士事務所オーガニックテーブル開設。実験的なエコハウスに取り組み、数々の賞を受賞。2003年、老朽化した校舎の大規模修繕を活用し、建築技術者や学校関係者への環境教育を行う「学校エコ改修と環境教育事業」を環境省へ政策提言。モデル事業化されることとなり、以来、政策コンサルタント業に従事している。

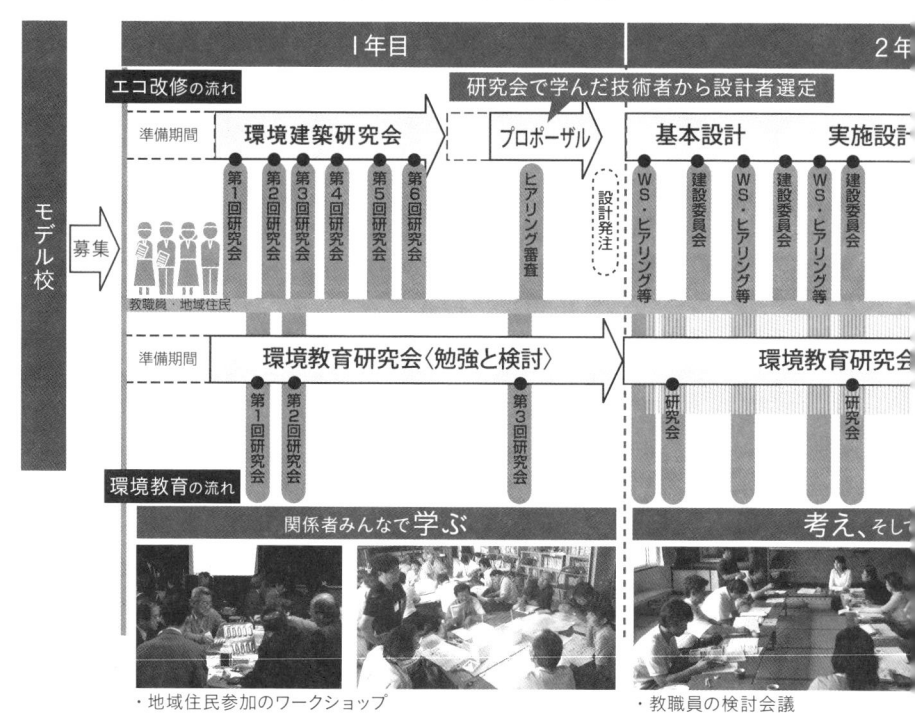

図1　学校エコ改修と環境教育事業の流れ

一級建築士の多くが、エコハウスを設計できなくても致し方なかった。エコハウスの普及促進には、まず、供給する側の建築士への教育が不可避だと思われた。そこで、技術者への教育のために、断熱材もないスケルトン状態の学校校舎の耐震補強工事とあわせて、エコ改修を行い、その公共工事のプロセスを活用して教育を行う政策を思いついたのだ。

学校は教育施設であり、毎年、生徒が入れ替わる。卒業して20年も経たずに彼らは住宅の需要者になる。また、教師や保護者は、エコ意識がなくても否応なしに学校には関わらざるをえない。学校のエコ改修をする機会に、この教育施設でエコに興味のない人たちを巻き込んで、エコハウスの需要者と供給者を生み出す政策を行えば、効果的な税金の使い方となるのではないかと考えた。そして、2005年度モデル校9校を皮切りに、2009年度採択モデル校まで全国20校で事業を実施した。

## ハードの費用に、ソフトを義務づける

この事業の特徴は、エコ改修を行う建設工事費用の補助金制

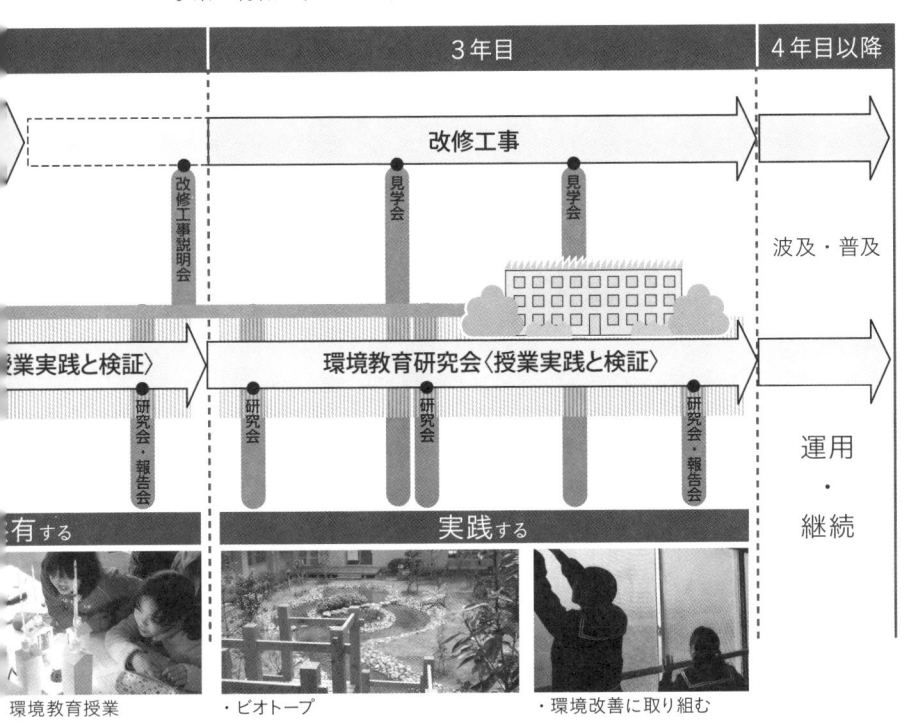

度の規定に、具体的に仕様を定めた3年間の教育プログラムの実施を義務づけ、それを実施するための人的サポートがセットでつけられている点である。

具体的には、1年目に学校の環境測定の調査を行い、建築技術および環境教育の二つの勉強会も実施する。そして、設計者選定コンペを行う。2年目には建築の設計と学校全体での環境教育の実施、3年目にエコ改修工事と環境教育の見直しを行い、そして4年目に完成後の環境調査をして、ビフォー・アフターの$CO_2$排出量を比較するという、3年＋1年を1セットにした事業であった(図1)。

### コンペ参加ルールとしての環境建築研究会

この事業の設計者選定コンペでは、「環境建築研究会」(図2)という、地域の建築技術者を中心にした住民参加型のエコ改修検討会を実施することを義務づけ、この研究会へ参加した建築士のみがコンペに参加する資格を得るルールを設けた。建築技術者が環境配慮の建築を供給できるように環境工学を学び直す意識を持ってもらいたかったからだ。従来、このような検討会等の委員として参加する建築士は、設計業務に従事することはできないのが常識だった。

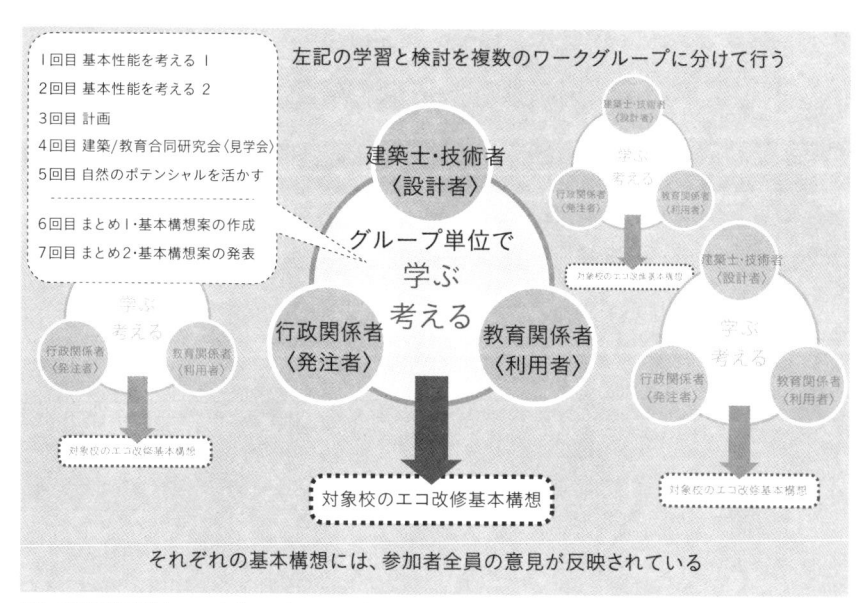

図2　「環境建築研究会」ワークグループのイメージ図

従来の公共工事では、まず協議会をつくり、①近隣住民と協議する、②答申がまとまったら設計者を公募する、③提案競技を行う、④設計者を決める、という手順が普通だったが、①と②を逆にし、①設計者を含めた参加者を公募する、②研究会をつくり、近隣住民等と検討・協議する、③研究会に参加した設計者内で提案競技を行う、④皆で設計者を決める、として、設計者を公募するという公平性も保ちつつ、住民と一緒にとことん検討した人が、その事業に関与することができるようにした。

地元設計者にとっては、公共工事の資格要件に当てはまらなかったとしても、ここでは研究会の皆勤賞が参加資格だから、閉じた門戸が開かれ、近隣住民にとっても、一緒に検討を重ねた人が設計するのだから安心できる。

また、もうひとつの研究会として、近い将来施主となりうる生徒に向けて行う環境教育を検討する「環境教育研究会」を実施することも義務とした。ここでは、教師に省エネなど環境工学の分野についての環境教育のノウハウを習得していただく。

この研究会は建築研究会とは異なり、教師の自由意志による参加ではなく、学校全体の取り組みとして義務づけた。こうすることで、学校側が勤務時間内に行う業務として研究会を位置づけられるので、教師に余計な労働の負荷がかからないようになっている。

## 事業の成果

事業のアンケート結果では、関わった建築技術者からは「ここで学んだ環境建築の知識を業務の中で活かしていきたい」という答え、教師たちからは「学校での教育に留まらず、自らの生活の中でも活かしていきたい」という答えが得られ、建築士や教師の環境意識を高めるという当初の目的は達成することができたといえる。

この事業でエコ改修した20校すべてが、改修前後で$CO_2$を削減し、その平均削減量は23％。最大45％削減した学校もあった。

この事業がこのような高成績を残したことで、これまでなかった学校校舎のエコ改修に対する文部科学省の交付金が3000億円もの予算で制度化されることとなった。

「学校エコ改修と環境教育」の政策モデルは、その後、環境省の「21世紀環境共生型住宅のモデル整備による建設促進事業」（通称、環境省エコハウスモデル事業）にも使われ、政策手法として影響を与えている。

対話――善養寺幸子 ×倉方俊輔
## 身近な感性を出発点に、建築士が社会に働きかける場をつくる

今でこそ一般的になった「エコ住宅」。しかし善養寺さんが活動を始めた当初は、建築界ではまだニッチな分野だった。身近で当たり前の感覚から、建築家ではなくむしろプロフェッショナルとしての「建築士」を目指したという善養寺さんは、現在の政策コンサルタントとしての活動に至るまでどのようにエコ改修の取り組みを建築士の可能性の広がりにつなげてきたのだろうか。

### ■「エコ住宅」というニッチを見つける

**倉方**　善養寺さんは1998年に一級建築士を取得して「一級建築士事務所オーガニックテーブル」を開設された際、「環境共生住宅」を専門とすることを打ち出されたわけですが、当時の反応はどうでしたか。

**善養寺**　京都議定書の採択が1997年で、何か力を入れないといけないという流れは建築業界にもありましたが、当時はローコスト住宅が主流。エコハウスみたいに金のかかる住宅は売れないよ、と言われた記憶があります。

**倉方**　そんな中、なぜ善養寺さんは「エコ」に大きく舵を切ったのでしょうか。

**善養寺**　夫がデザイナーなのですが、長良川河口堰[注]の問題に関わっていたりして、家が市民活動家の溜まり場みたいになっていました。みんなが環境を議論している中で、建設することに罪悪感のようなものも感じて、環境配慮で何ができるだろうかと。ちょうどその頃からシックハウスの問題も取りざたされていたので、建築と自然素材とエコの組み合わせで何かできないかと考えたわけです。

**倉方**　善養寺さんを取り巻く世界と、建築界との間にまだまだ環境に対する意識の温度差があって、両方の世界を知っている善養寺さんだからこそ、両者をつなげることができたわけですね。

**善養寺**　もし私が大学の建築学科を出ていたら、憧れの建築家、有名な建築家を支持していたかもしれません。でも、私が建築を学んだのは、大学ではなくて東京都立品川高等職業技術専門校[注2]夜間部建築製図科です。その前に都立工芸高校金属工芸科で日常芸術を専攻していました。そして、美大を目指した予備校時代にデザインに優れた人たちに多く出会ったからこそ、建築士の役割は空間や室温をどうするかといった、見えないものをつくることの方にあるのではないかと考えるようになりました。ローコスト住宅の辛さは断熱性能が低くて、寒すぎること。エアコンをかけるとお金がかかるので我慢している。そんな状況を見て、お金をかけないで良い環境をつくるにはエコしかないのではないかと思ったんです。建築で「環境」というと、石油ショックの頃から取り組んでいる先生方は大御所になって、庶民的なレベルの設計にはあまり取り組んでいませんでした。だから、良いニッチかなと思いました。

**倉方**　それで「エコ住宅をやる」と宣言したら、いろいろな方々とつながって、教えてくれたり、実際に物ができていった。

**善養寺**　取り組みだすと、人が人を呼んで、面白い方がいっぱい集まってきます。雨水の研究者とか、太陽光で温熱環境をつくっている方とか、エコ機器の建材メーカーとか、タダでも一緒にやってくれる。そんな状況があって、

とんがったものを設計して、つくるようになっていきました。
**倉方** 社会はそういうことを提案してくれる人を暗に求めているんですね。
**善養寺** 良い縁に恵まれました。大学に行かなかった分、私にはたくさんの先生がいる。派閥がないですからね。

## ■「建築士」になりたい

**倉方** 善養寺さんがされていることは、「学校エコ改修事業」にしても、「地球環境問題」と「政策提言」を掛け合わせていて、一見「大きなこと」×「大きなこと」みたいに思える。けれど実際には、「快適な室内環境がないと、暮らしも辛いでしょ、工芸品も楽しめないでしょ」というような「身近で当たり前のこと」が出発点になっています。建築士の役割も、そこにあるということですね。
**善養寺** 私、高校3年生の時に「建築家」よりも「建築士」という言葉を先に知ったんです。すごいなあと憧れました。最初、中学生の頃になりたかったのは大工でした。なぜかというと、その頃に自分の家を増築して子供部屋をつくってくれることになったのですが、地元の工務店の大工さんが1階と2階の床材を間違えて、注文と逆の色が来てしまった。それに親は文句も言えなくて、天井も勝手に大工さんが選んだものを張られちゃって、それまで雑誌で見たようなイメージを想像してわくわくしていたのに、すごくがっかりしたわけです。こういう不幸な人を減らすためには、自分が大工になって、もう少しセンス良くつくってあげるしかないんじゃないか。大工というのは重要な仕事ではないかと。
**倉方** 庶民の生活空間に奉仕する、ものづくりのプロとしての大工像ですね。

**善養寺** 下町育ちなので、建築士と大工の差も分からなかったんです。それで、都立工芸高校に進学して高校3年生になったとき、目黒に住んでいる美大志望の友達が、実は大工がインテリアを決めるんじゃなくて、建築士という人がいるんだと教えてくれました。建築士は国家資格のエンジニアで、デザイナーで、お客様の注文を聞いて、デザインと技術を融合させて、建物をつくるんだと。それを聞いて、すごい職業がある、かっこいいと感動したわけです。だって、プロフェッショナルそのものじゃないですか。自分は大工じゃなく、建築士になりたいと。そんなことが始まりでした。有名な建築家の名前を知ったのは、その後です。私がなりたいのは、日常芸術を楽しむお客様へのサービスとして、プロとしての設計ノウハウを提供し、法律に適合させることができる建築士。それと巨大な芸術作品をつくる建築家とは別の世界だと、ずっと思っていたんです。そんな思いは、職業訓練校を出て、構造設計事務所で技術を得て、設計事務所を開いて…という中でも変わっていません。

## ■小さな事務所も参入できる方式で技術を広げる

**倉方** 「学校エコ改修と環境教育事業」の仕組みにも、ジャーナリズムを賑わす何人かの建築家ではなく、津々浦々にいるたくさんの建築士に対して社会に役立つ機会を与えたいという善養寺さんの思いが息づいています。
**善養寺** エコ住宅をやったものだから、エコ住宅を普及させたい環境省の部会に呼ばれたわけです。すると毎回、ハウスメーカーの人が、「うちはエコハウスをオプションでつくれます」みたいな話をしているのですが、建築士がほとんどやっていない。ハウスメーカーのシ

ェアというのは、東京だと7割あるけど、地方に行ったら3割しかなくて、大半は工務店と設計事務所が担っています。設計事務所に普及させない限り、エコ住宅は普及しないわけですが、建築家協会も建築士会も会としての動きにはならない。

　これをどうにかしなければいけないという時に、もうひとつ思いついたのが、建築士が公共工事に参入しようとしても、過去に実績がないと参入させてくれないという問題です。独立した人が地方で頑張っていても、最初の一歩を切れない。ならばひとつの方法として、学校のエコ改修を、小さな事務所が参入するきっかけにできないかと考えたわけです。新築だと金額も高いし、監理の不安もあるでしょうけど、改修だったら地元の小さな事務所でも、行政も不安にならないだろうと。

　先に希望する設計事務所に集まってもらい、エコ建築の方法を学習してもらって、勉強したことを参加資格として設計者選定コンペを行う。こうすれば、新しい人たちの参入の機会になるし、エコ建築の学習者が増えるということは、今後のエコ住宅の供給者が増加することになります。さらにこの学校エコ改修のプロセスには、教師や保護者などの関係者も加わってもらう。それによってエコ住宅の良さを知る、今後の需要者も増加することになります。これを公共事業で行えば、一石三鳥にも四鳥にもなると思ったんです。

**倉方**　その絵を描くのもすごいですが、よく国の事業までつながりましたね。

**善養寺**　初めは地元の足立区でできないかと、企画書を書いて持っていったら、補助金がないから無理だと言われ、だったら、国に補

善養寺幸子さん

助金をつくってもらおうと。その時、環境省の部会に声をかけてくれた方が審議官に出世していて、何かの時に大きい予算を手にしたと言われていたんですよ。それで、企画書を持って会いに行きました。そうしたら、「大変面白い企画なんだけど、だからといってすぐにできることではない。外部の先生などが評価して選ぶ民間の政策提言に採択されると環境省としても言いやすい」と言われ、急遽それに応募しました。私にとっても国の政策に関わるなんてまったく初めてだったので、わけが分からないまま進んだのですが、プレゼンテーションが環境大臣のツボに入ってくれたらしく、翌年度、異例の予算で実現可能性の調査(FS調査)が始まりました。2005年度からは10億円の予算がついて、20校のモデル校で平均23％の二酸化炭素の削減を達成。のべ1万人に環境教育を実施するようになりました。

## ■責任ある資格として
　社会に働きかけていく

**倉方**　現在の建築士に何が欠けていると思いますか。

**善養寺**　建築士は、もっと法律の中で社会的

にも認められるべきではないでしょうか。国家資格として公共の福祉に資する責務を与えられながら、医者や弁護士等とは違っています。その社会的責務を果たすためにも、建築士法、建築事務所業法によって最低限の経済や身分が保障されるべきだと思います。

私の経験した裁判では、設計業務は請負なのか委任なのかで争われました。建築業界では独立した設計業務は委託で、請負ではないと当たり前に解釈していますが、民法上は委託などというものはなく、その時の司法判断では請負とされ、建築が建たなかった以上、設計費の支払いは認められない、なんて判決を受けたのです。業界で使っている委託契約書は裁判官ごとにまったく違う解釈を許し、自分たち建築士の業務に対する経済的権利を保護するものになっていません。

公共工事の設計の一般競争入札もそうです。知財提供に対しての正当な対価が予定価格であるのに、それよりも低く最低価格ボーダーが定められているのは不当な扱いです。医師を価格競争するでしょうか。建築士は国家資格者として業務の責任だけは強いられていても、それを全うするための経済的身分が保障されていないことを意味しています。

経済的な基盤が危うければ、誠実な仕事ができない人が出てくるのも経済社会の現実です。どうも建築士は、ものづくり精神なのか、金が二の次になって安働きしているように思えます。今後、設計のグローバル化は進んでいくでしょうが、実益的な議論にしない限り、国際的には勝てません。外国に出ていく日本の有名建築家にしても、しっかりとしたエージェントがいない限り、対等に契約もできないわけです。だから日本国内にもそういう仕組みが必要なのだとすれば、国家資格のもとに認められている建築士会なりの団体が法律的な整備まで真剣に考えていかないといけない。それが、新しい法律ができたからどう対処しようか、ということばっかり言っていて、自分たちがどう社会に責任をとるのかという議論に至っていないんです。

**倉方**　本来、国家資格というのは国家制度の一員だということで、特権と同時に、一般人とは違う大きな責任が発生する。でも、日本の建築士なり建築家って、自分たちが国家の一部だという意識がほとんどないですよね。

**善養寺**　ないですね。たとえば、あるクレジットカードの申請書のチェック項目に、医師、税理士、といった国家資格がずらずら書いてある。でも、建築士はそこにはない。世の中の建物のほとんどをつくっているのに、こんなに認められてない国家資格ってなんだろうと…。

**倉方**　我々がそういう現状に対し、アピールをしていないのかもしれません。

**善養寺**　していない。何か大きな事件や問題でもそうですし、特定の建築士が大きく非難されたときでも知らん顔をしています。でも、それはひとりライバルが減って良かったという話とは違うんですよね。だって、建築設計事務所に直接依頼する依頼主なんて、たぶん1%もいないわけです。そう考えたら、仲間同士でパイを増やせるように、責任ある資格として協力して社会に働きかけていこうよ、と思います。

（2015年11月9日、株式会社エコエナジーラボ事務所にて）

注1　長良川河口堰：三重県の長良川の河口部に、工業用水開発と治水を目的として1994年に竣工した。1974年の建設事業認可以来、生態系や漁業などへの悪影響の懸念から反対運動が起こり、現在に至るまで論争は続いている。

注2　現・東京都立城南職業能力開発センター。

斉藤博

# 領域を超えて建築の発意から運営までを総合的にプロデュース

斉藤博
1946年東京都生まれ。武蔵工業大学（現・東京都市大学）建築学科卒業。1969年、（株）日本設計入社。2003年、（株）S・アーバンプランニング設立。同年NPO日本都市文化再生支援センターを設立し、理事長に就任。浅草まちづくり推進協議会や板橋区、帝京大学グループのアドバイザー、東京建築士会理事等として活動している。

　私はまず日本設計で、建築をつくることからスタートした。多くの建築設計やその全体のプロデュースに携わる中で思っていたのは、建築士だけが頑張っても、与条件に縛りがあったり、運営や事業性など思わぬことで崩れてしまうこともあるということだ。もちろん建築士として一番大切なのは、建築のデザイン自体にこだわることだが、たとえば与条件の設定は広告代理店などに任せておけばいいのだろうか。建築を分かった立場で、将来のユーザーを見据え、領域を超えて川上から川下までを総合的にプロデュースする職能を持った人材を育てていかなければならない。

　そこで、私はこれまで、建築士だからこそ「領域を超えて」可能な、新たな活動・領域の開拓に挑戦してきた。その中でも三つの活動を紹介したい。

## 活動1　35年間の浅草活性化支援

　私が浅草の人たちと出会ったのはおよそ30年前の日本設計時代だ。かつて興行街として賑わった浅草六区の再開発のチーフとして浅草に通ったときに、浅草寺・地元商店街・台東区役所の方々など、多くの人と知り合った。その付き合いで、建築家の立場でまちづくりの現場を見ながら、浅草をどのように再生していくか、30年、50年スパンの戦略を考えることになった。

　浅草の再生・活性化を図るためにはまず、浅草の地域ごとの課題・特性を的確につかみ、かつ地元の要望を具体的に実現するサクセス・シナリオを描く必要があった。地元・浅草寺・行政を動かすためのまちづくり戦略には、建築士という職能をベースに総合的な視点を加えた「領域を超えた」活動が求められた。具体的には、次の三つの実績を上げてきた。

●浅草まちづくりマスタープラン・浅草未来戦略の策定

　浅草各地区の主だった人たちとともに、課題と将来の戦略をワークショップで考えた。この中で、「伝法院通りはまち並みの景観整備をしていこう」「隅田川に向かう東側への流れをつくろう」といったいろいろな提案がなされた。この「浅草まち

図1 ライトアップされた浅草寺(撮影:AHOMARO)

づくりマスタープラン・浅草未来戦略」は、現在台東区のまちづくり事業テーマ抽出のベースとして活用されている。

● 浅草六区・興行街再生のための地区計画の提案

浅草六区を再び興行街として再活性化させるプログラムとして、斜線制限を撤廃したり最高高さ制限を緩和する代わりに、劇場など興行のための空間を入れる、といった地区計画を起案した。7年にわたる法制化への支援を通じて、規制緩和による民間再開発誘導の道筋を創出することができた。現在4街区の建て替え事業が進行している。

● 浅草寺のライトアップ

30年前に浅草寺に行くと、夜はとても暗く、真っ暗な浅草寺が浅草の大回遊路を分断してしまっていた。そこで1984年に浅草寺のライトアップを地元および浅草寺に提案。18年かけてライトアップの事業化を完成させ、浅草再生・回遊性再生に大きく貢献することができた(図1)。

こういったことを30年やってきたことで、地元の方たちも住民アドバイザーとして私を受け入れてくれ、多くの整備のシナリオづくりを一緒にやらせていただいた。他にも、つくばエクスプレスの浅草駅をデザインさせていただいたりと、浅草のまちづくりに深く関わっている。

## 活動2　国際都市東京の未来戦略
―― 二つの都市開発事業の提案

2020年の東京五輪開催後に危惧されているのが「経済的な減速」と「都市活力の閉塞」だ。そこから早期に回復し、国際観光都市として脱皮するために、「日の出埠頭」と「築地市場跡地」の二つの再開発事業を提案し、関係者にその意義の理解と支援を働きかけてきた。

● **東京の舟運拠点整備に向けた日の出埠頭再開発事業の提案**

2000年から継続しているのが、日の出埠頭再開発への提案だ。これは五輪開催を契機に船客ターミナル・埠頭機能の強化を通じて東京の臨海部ネットワークの強化を実現させる都市戦略である。港湾の埋め立てによる土地を最高度に活用することで、「余剰容積＝余剰利益」を生み出し、都の負担ゼロで東京都心・臨海部を再生させることができる。また、民間が全事業を一括受託する民間提案型PFIの導入を提案している。

● **築地市場跡地の一体開発の提案**

築地市場は2016年に豊洲への移転が決まっているが、築地全体が今後も繁栄し続けるためには、築地市場跡地の戦略的一体開発が不可欠だ。そこで官民連携による「築地場外エリア」と「築地市場跡地」とを一体化させた総合開発を提案している。また、市場跡地の敷地中央にまで水路を引き込むことによるインナーハーバー型都市開発により、水都・東京の魅力を創出し、臨海部の水運・舟運ネットワークの再構築を実現する。これにより、移転事業費を賄うための跡地売却益の最大化を図ることもできる。

## 活動3　「プロジェクト・アドバイザー」の先駆けとして

より単体の建築に近い立場でも、建築の発意から完成・運営までの全プロセスに対して、建築士としての総合的な知見に基づいて施主の判断を支援す

図2　資生堂銀座ビル外観。「未来唐草」をテーマとしたアルミシェードで包まれた外装デザイン（撮影：(株)ミヤガワ）

図3 帝京科学大学千住キャンパス全景CGパース。隅田川スーパー堤防沿いに展開する新校舎・寮・グラウンドの全景（提供：NTTファシリティーズ）

る総合アドバイザーの業務を実践してきた。これを通じて「プロジェクト・アドバイザー」という建築士の新たな職能を開拓する先駆けとしての成果を上げてきた。

● **資生堂アドバイザー**

資生堂銀座ビルの新築（図2）では、3年間にわたるアドバイザー業務を通じて100回を超える施主参加の分科会を実施し、アドバイザーとして「アイデアの抽出」「分析と評価」「判定・決定」の総合的支援を行った。資生堂のブランドと価値を創造する拠点としての施設構成、コンセプト、デザインを実現することができた。

● **帝京大学・帝京科学大学アドバイザー**

帝京大学のキャンパス計画（図3）では、大学の判断を支援することを通じて、建設物価高騰・人手不足の環境下、初期の工事費・工期で完成させることができた。アドバイザーが参画したことで、適正な設計契約と工事発注の公平性を維持することもできた。大学トップの決定プロセスにも参画し、新たな大学像構築への設計条件策定に対して、適確なアドバイスを提供することができた。

以上、三つの活動を通じて私が行ってきた取り組みは、いずれも全体を見渡しながら、設計者とは良好なコミュニケーションをとって彼らのやりたいことを触発し、一方で費用のことなど、さまざまな条件は施主側に立ってきちんと調整するというものだった。このような、領域を超えた職能を担う人材が、これからも求められていくだろう。

対話——斉藤博 ×倉方俊輔
# 事業の初期からジャッジし、デザインする職能

建築士は発注者側にも必要とされる。近年の建築に関わる問題のうちには、発注者側と設計者側の相互理解が不足していたことに起因するものも多いだろう。斉藤さんはその長いキャリアの中で、発注者側の判断を助け、時間をかけて設計者としての信頼を築きあげてきた。数十年前から領域を拡げる取り組みを続けてきた斉藤さんにお話を伺った。

## ■広義の設計者

**倉方** 「アドバイザー」という言葉だけだと、経済的にうまく成り立たせる専門家なのかとか、あるいは施主にうまく伝えるような仕事か、などと誤解される方もいるかもしれませんが、斉藤さんは、デザインとか設計の領域を広げた職能をアドバイザーと呼んでいる。デザインといっても細かい色や形を決める以前の、もっと初期的な部分のデザインや設計をきちんとやることが社会の役にも立つんだ、それが事業性や経済性の論理だけで決まっていくのは、結局社会のマイナスになるんだと訴えていかなければならない、と考えていらっしゃる。

**斉藤** そうですね。それが、建築士の領域をもう1回足元から社会的に認知してもらうことにつながるでしょうね。たとえば本当にセンスが良くて、空間に入った瞬間に、建築家がいたからこそこの空間ができたと思える。これはすばらしいことです。でも永続するためには、それがテナントのニーズに合っているのかとか、これからの社会環境の変化の中でその建物の意義が続くのかとか、いろいろと考えないと、建物は残っていかない。建築的にすばらしい専門領域を持ちながら、もう少し外向きにいろんなものが見える人間が必要だと思います。

**倉方** さまざまなことを満足させるうえで、広義の設計や計画といったものをきちんと担う人が重要で、それは建築士か建築家からしか出てこないんだと。広義の設計者が上に立つことが社会にとっては大事になるんだということを、一貫して信じて実践しておられますね。

## ■アドバイザーのフィー

**倉方** もうひとつ、特に考えるべきなのは、フィーの問題だと思うんです。アドバイザーというのは、フィーをもらっているのか、またどのようなもらい方をしているのでしょうか。

**斉藤** 「日の出埠頭」はボランティアですが、他のアドバイザー業務ではすべてフィーをもらっています。資生堂からも3年間にわたって毎月いくら、という感じでもらっていました。最初のコンペの前からずっと関わって、デザインの変更をはじめ、資生堂の開発担当の方々や総務の方、宣伝部のデザイナーたち、そこに竹中工務店の設計部、施工部隊も一緒になって、常にフィードバックを得ながら、100回以上の委員会をやりましたから。それに対するフィーはきちんともらいました。

**倉方** そもそも、そういう立場になったきっかけはどのようなことでしたか。

**斉藤** 資生堂の事業パートナーの方と親しかったんです。あるとき、私がこういうアドバイザーとしての活動をしていると言ったら、面白いねと。資生堂も、まさにアドバイザーみた

いな立場を入れたいと思っていたそうで、推薦してくれたんです。

**倉方** 資生堂の歴史・伝統や精神が、新しくできる建物にも表現されなくてはならない。それはなんとなくみんな思っていても、建築的にどういうところをコントロールすればいいのかは分からない。それで、その代理人として斉藤さんが入っている。その会社がこれから大事にするべき精神を建築の言語に翻訳して、つないであげる代理人としてアドバイザーが必要になるんですね。

**斉藤** 帝京科学大学でも、あるとき大学の中核になっている方と話す機会があって、キャンパスがどんどん広がっていくのに、なかなかアドバイザーのように動いてくれる人がいないということで、最初から一緒に関わらせてもらい、いろいろと変更も行っていきました。

やっぱり、認知されていない職能なので、こうやって人の縁でフィーをもらえているんです。だけどこれからはそうではいけない。全体をプロデュースする職能のフィーというのが非常に重要だということを、認知させていかないといけないと思うんですよね。でも、それをいくらにするかという根拠になる基準がないんです。初めてのクライアントは、どこまでやってもらえるんだろうっていうのもあって、フィーに対して厳しいですからね。

**倉方** そうですよね。設計や施工のフィーなら単価を考えれば分かりやすく計算できますけど、新しい職能ですからその点は難しい。

**斉藤** そうなんです。でも、外装のディテールなんかも本当にこれで良いのかとか、いろんなことに対して常に施主はこちらを頼ってきます。そういうことをしっかりとジャッジし、誘導しなくてはいけないという責任はあります。それに見合うフィーは必要だと思います。

斉藤博さん

**倉方** ジャッジしてあげることでフィーをもらっているのが、そもそも設計者ですよね。施主をジャッジする義務から解放してあげることに対してお金をもらっているわけで。

**斉藤** そうですね。施主はもちろん言うべきことは言うし、ある程度の認識はちゃんとしてくれるけど、やっぱり専門家ではないから、本当にこれでできあがった時に問題ないんだろうかとか、いろいろ不安は持っていますよね。

**倉方** 逆に施主にジャッジさせて、言われた通りにやりますっていうのはプロじゃないですよね。それは、たとえば住宅設計でも同じです。クライアントが持つ、なんとなくの生活の理想像を受け止めたうえで、それを建築の言語に翻訳し、判断すべきところをしっかりジャッジする。斉藤さんはそれを大きな規模でやっておられる。そう考えると、アドバイザーというのは確かに建築家がやっているデザインや設計ということを拡大したものであって、住宅設計と同じように、設計とかデザインを信頼して任せられるような立場なんですよね。

**斉藤** 住宅なら、皆さん建築家として自信をもって踏み込み、ちゃんと判断できる。でも規模が大きくなるとどうしたらいいのか分からなくなってしまう。これからそういう職能が求められてくるのではないかと思います。

（2015年10月18日、日本都市文化再生支援センターにて）

論考2＿吉良森子
# 「これまで」の前提から「これから」の前提へ

**社会とともに拡大する職能**

建築士の仕事の領域はすでに拡大し始めている。「これからの建築士賞」の審査が終わった時の実感だった。保存、セルフビルド、新しい不動産企画など拡大の方向は多様だ。1人1人が、どのようなきっかけでそれぞれの取り組みを始めたのか、どのような試行錯誤を経て成果を獲得したのか、これからどのような展望があると考えているのか、できるだけ具体的に読者に伝えたい、と考えながら受賞者と入賞者へのインタビューをした。受賞者の1人、岩崎駿介さん(p.84)は、20代の時に新しい社会をつくっていくプロセスに貢献したいと考えて、独立したばかりのガーナに渡ったのだ、と話してくれた。「建築士の職能」は規模や場所に関わらず「社会の形成」とつながっている。「社会」が変わろうとしているから「建築士」の仕事の領域も拡大しているのだ。変化をテコにしながら、あるいは変化に抵抗しながら、経済価値に限定されない「豊かな暮らし」を守ろうと、あるいはつくりだそうと「建築士」たちは奮闘している。建築の可能性はまだ失われてはいない。小さな取り組みが積み重ねられ、つながっていったときに大きな力になりうるのだと信じたい。

**世代特有の思考**

今回、20代後半から70代後半という大変幅の広い年代の方たちが「これからの建築賞」に入賞した。その結果「世代」特有の視点や意識があぶり出されることになった。今回お話を伺った方々はみなユニークな方ばかりだが、同時に、それぞれが育った時代や環境がそれぞれの思考や活動の基盤になっている。不確定な将来を前提とする20代、団塊世代を親に持つ30代、バブルを逃した40代、バブルを謳歌し、逃げ切ろうとする50代、成功・成長体験しかない60代、敗戦の焼け野原から高度成長社会の変化と矛盾を体験した70代。各世代の一般像とは一線を画した個性的な人たちであっても、背景にはそれぞれの世代特有の環境と歴史がある。それは、私自身も例外ではない。

1965年生まれの私はバブル後期に社会に出た世代で、今から思うと楽観的な学生時代を過ごしていた。自分は何ができるのか、どういう能力があれば社会に出ていけるのか、とても追い詰められていたけれど、「どうやって収入を得るのか」ということに対する不安はあまりなかった。近年日本の大学で教えるようになって、多くの学生が将来に

対して経済的な不安を強く感じていることを知った。私には、彼らの思いを受け止めることはできても、あまり意味のあるアドバイスはできない。「そういう問題は先送りできると無意識に思える時代」に私たちは学生時代を過ごし、「親もいるし仕事は溢れている」ことが思考の前提になっていた。高度成長からバブル期を通して豊かになっていった中産階級の、成長ベクトルの環境で育った世代の楽観。「経済は成長してすべての人々が前よりも豊かになる」という前提しかなかった。「利潤を目的とすることが苦手で、収支は辻褄さえ合わせて、やりたいことを頑張ればいい、と思ってしまう」メンタリティを、構造的に景気が悪くなって痛い目にあっても更生できない、そんな自分を私は恥じているのだが、でも日本だけでなく、ヨーロッパでも私たちの世代はこういう思考をしやすい。この世代の大企業に勤めている人はなんとか逃げ切れるだろうが、私たちインディペンデント系の状況は非常に厳しい。そろそろ安定したマーケットを掴んでいるべき年代になっているというのに、やりたいことに目が向きすぎたのか、社会・経済情勢の変化が激しすぎたせいか、面白いが継続性のない取り組みが集積した状態にあって今後の展望が明確には見えていない。「世代特有の思考」の克服なしには、これからも留まることなく変化していく時代の波を乗り切っていくことはできないだろうな、と私は感じている。

## 成長を前提としない時代にいる日欧

緩やかでも人口が増え、経済が成長することを前提とできる時代であれば、「自分が育ってきた時代の前提」を直線的に展開するような判断や決断に問題はない。「自然な成長」を前提としない時代は、日本では1992年のバブル崩壊とともに、ヨーロッパでは2008年のリーマンショックとともに始まった。「これまで」のように成長を前提にはできない、と分かっていながら、これまで社会が共有してきた価値を守っていくためにどのような方向転換が必要なのか、客観的かつ誠実な分析・判断・決断を怠ったために、日本もヨーロッパも公共投資や規制緩和によって人工的、部分的な成長を強いる政策を選択した。「これまで」の前提である「成長」を無理やり創出させたのだ。その結果、日本は「誰もが豊かになる」ことを前提とした時代から、一変して「格差の時代」に移行し、ヨーロッパもその後を追っている。これまでの判断

基準を継続することが致命的になる歴史的瞬間を、人間はローマ時代から繰り返し体験してきたことを考えると「これまでの前提」から簡単には距離を取れないのが人間のサガなのだ。そして、このような社会の変化が「建築士」の活動に直接大きな影響を与えるということを私たちはこの20年間、自ら経験してきた。

　私が活動するオランダのリーマンショック以降の変化も甚だしい。まず、これまでオランダの建築家の活動の基盤となっていた集合住宅の建設と計画が完全にストップして、設計事務所の数も事務所に働くスタッフの数もそれ以前の30％以下になった。これだけでも十分社会的ショックなのだが、さらなる構造的な変化は、都市デザインの伝統の消滅だ。これまでオランダでは、市町村の都市計画局が中心となって市民と不動産開発の利益のバランスをとりながら、都市デザインをベースとする開発を行ってきた。この伝統は19世紀末の社会運動に端を発した住宅法制定以来の歴史だ。さまざまなソーシャルハウジングのビルディングタイプの試みがなされただけでなく、ベルラーヘによるアムステルダム南地区開発計画から始まって、世界的に注目を集めた20世紀末のアムステルダムのウォーターフロントの再開発まで、オランダでは都市デザインの伝統が積み上げられてきた。しかし、リーマンショック以降、時間と税金を使った都市デザインを基盤とする開発よりも民間によるスピーディ開発が社会善である、という認識が主流となった。民間開発業者は市民の住環境の質に対する責任を負わない、ということに対する議論はなく、とにかくお金をかけないことが良い、というのが今のオランダの風潮だ。

　オランダでも建築士は新たな仕組みや土壌を模索しなければならない状況にある。若い建築家たちは、コーポラティブハウスのような住民が主体となって計画する集合住宅を企画したり、インタビューやワークショップによって参加型のデザインプロセスを取り入れたりしており、定められたプログラムに基づいて建物をつくることはすでにオランダでも稀になってきている。日本でもオランダでも「新しい建築の前提」を見極めて「これまで」とは異なる判断基準やフィールドで建築士として何ができるのか、を考える必然に直面している。これがまさに「これからの建築士賞」が生まれた文脈なのだ。

## 既存の仕組みの可変性を導き出す

　入賞者の取り組みに共通しているのは、新しい時代の前提をいち早く感じとり「これまで」の仕組みとタックルしながら新しい活動を構築できているということだ。「変化する」ことを恐れず、「変化」が可視化される前に新しい取り組みを始める。だから彼らはパイオニアなのだが、それまでに育んできた問題意識やビジョンがあったからこそ「復興小学校が壊される(p.146)」「人々が求める賃貸住宅が提供されていない(p.26)」「近代建築の名作住宅が壊される(p.172)」といった契機に対して、具体的な活動や事業を始めることができたのだ。彼らには、「これまでの前提」から距離をとって「これからの前提」を見極める、あるいは生み出す力がある。「行政の仕組み」から考えれば、復興小学校が保存されないのは致し方ないように見えるし、「日本の不動産価値」の仕組みを考えれば、近代建築の住宅を次の世代に受け渡すのは不可能に見える。しかし彼らは既存の仕組みを受け入れ、変換する方法を編み出す創造力を持っている。

　私たちも含めた、いわゆる現役世代は、学生運動世代と異なってそれまでの仕組みを破壊して新しい仕組みと差し替えることを目的とする革命的な手法を信じてはいない。既存の仕組みや価値観を完全に否定したいとも思っていない。学生運動世代の中には、「そういう意識では体制側に取り込まれてしまうだけだから、革命的な気概を持たなければ」と思われる方もいるだろう。実際に私たちはできれば喧嘩はしたくないし、これまでの戦後の歴史を否定したくはないから、体制側に取り込まれるリスクは大きい。しかし今回話を聞いて感じたのは、既存の仕組みと向き合って試行錯誤する先に到達しうる新しいステージがある、ということだ。入賞した取り組みは、時間をかけて、さまざまな工夫をしながら、近隣の人や不特定多数の市民への働きかけを継続することによって、新しい、あるいは今まで見えなかった市民の意識を顕在化させることに成功している。「復興小学校を残す価値と可能性がある」ということを市民が認識し、「こういうふうに暮らしたい、という思いに応える仕組み」が成功を収めることができたのは、それが専門家の意見であったからではなく、専門家の提案を広く市民が支持している、ということが公に認識されたからだ。市民の後押しがあれば、行政の対応や仕組みを少しずつでも変換していくことがで

きるのだ。それは日本の戦後の仕組みにもそれだけ弾性・可変性がある、ということだし、自ら社会の仕組みに働きかけようとする成熟した市民社会がすでに存在している、ということでもある。敗戦後、外圧にサポートされて生まれた民主主義社会の、2016年時点での成果だと思ってよいのではないだろうか。

　もちろん、体制側に取り込まれるリスクがないわけではないし、今回取り上げられた取り組みが長期的に見て本当に私たちの住環境を豊かにしていくことができるのか、客観的に判断し続けることは重要だ。たとえばHandiHouse project (p.8)の、クライアントも巻き込んだセルフビルドは「家をつくること」の面白さや豊かさを知ってもらうことで、建築文化を支持する層を拡大する可能性を持つ反面、「質」に対する意識や「質」を生み出す仕組みの維持改善に貢献できるのか、「建設」を身近な生活環境に引き戻す大きなムーブメントになるのか、という疑問はある。大きなデベロッパーが目を向けなかった住空間やライフスタイルの場を生み出し、流通させる仕組みを成功させているSPEAC (p.26)の活動には、純粋に利潤追求を目指す組織がマーケットに参入したとき、全体として「暮らしの多様性と質」の向上につながるのか、という不安がある。

　ひとつひとつの取り組みがエピソードであるかぎり、最終的に社会的な変化と言われるようなムーブメントにまで広がることは難しい。ほどなく「体制側」の大きな力に吸収されていく、という学生運動世代の指摘はもっともなのだ。だからエピソードではなく、大きなムーブメントとなるような持続性、連携可能性、オープンソース性を持ちえているのか、ということも審査では頻繁にディスカッションされた。「建築家」としての仕事は、一建築家としてひとつでもいいからすばらしい建築をつくることで成し遂げられる。しかし「建築士」の職能は、1箇所、1人が救われるというようなことではなく、コミュニティとして、社会としての意識や仕組みの展開につながって、思いを共有する建築士誰もがその仕組みや手法を適用できるようになって初めて拡大したといえるのだ。

## 21世紀の前提は何か

　成長を前提にはできない、ますます厳しい時代にありながら、「建築士」としてどうやったら社会を豊かにする活動を継続していけるのか、多くの建築士がすでに多様な分野で取り組んでいるということをこの賞を通して実感できたのはとても嬉しい。バブル崩壊以降急激に姿を現してきた「格差の時代」にあって、さらに格差を広げる経済活動に与するのではなく、経済価値に限定されない1人1人の暮らしの「豊かさ」を生み出そうと多くの建築士が奮闘している。岩崎駿介さんの言う「豊かな建築は、豊かな人間関係があって初めて成立する」という、ヒューマニティあっての建築という意識が自ずと共有され、これまで建築士の領域とは捉えられていなかったフィールドにも足を踏み出して、将来の世代が「豊かな社会の豊かな建築」を享受できるように建築士は頑張っているのだ。ヒューマニティやデモクラシーという前提を私たちは当たり前のこととしてこれまで享受してきた。でも将来どうなるのか分からない、と思うような出来事が世界中で起こっている。

　私は数年前からオランダの北海に近いクロースターブールンという小さなまちのNPOの活動に関わっている。かつてのクロースター（修道院）の1辺300メートル余りの正方形のエリアを中心とした人口約650人の小さなコミュニティだ。オランダでも日本と同じように高齢化による社会保障費の増大と都市への人口集中による田舎の人口減少が問題になっている。合理的なオランダは、人口減少地区の社会サービス施設をその地区の核となるコミュニティに集中させ、規模拡大によってケアの質を担保しながらコストを下げようとする政策を実施し始めた。これは小さなコミュニティでは高齢者、障害者のケアができなくなるだけでなく、たくさんの空き施設が生まれることを意味する。

　この地域でも、人口減少が激しいコミュニティの老後のセーフティネットとして機能してきた入居者60人余りの老人ホームが、将来的に移転することになった。このコミュニティにはシントヤンというNPOがある。彼らは、規模拡大によって効率化しようとする政策は高齢者や障害者の生活の質を低下させるだけでなく、コストも削減されないと考え、行政からは人口が少なすぎてできないと言われた小規模のデイケアセンターやグループホームの運営を通してそれを実証してきた。

資本主義的な規模拡大は善であるという論理が、この20年、福祉国家オランダのケアの仕組みを大きく変えてきた。財政難に苦しむオランダは、社会サービスの質を全国的にコントロールしようとし、数値の論理が支配する福祉が規範となってしまったのだ。シントヤンは数値ではなく生活の質と人としての尊厳こそが目的だと考え、官僚的な福祉組織や自治体に「"これまで"を前提にしない」ケアの可能性を説いてきた。私の役割は、老人ホーム撤退後の敷地と建物がコミュニティにとってどのような場になることが望ましいのか、住民や政治家たちの議論を活性化することだ。かつての老人ホームが、住民主体のケアの場となり、同時に近隣の新たな集いの場所となれば、持続可能で豊かな田舎のコミュニティを育てることになる、と説いてきた。しかし、福祉のような社会サービスの基盤となる仕組みを変えていくことは本当に難しい。シントヤンがやろうとしているのは、国の福祉予算の恩恵を受けてきた強い既得権を持つ組織に、権利の移譲を促すようなものだ。福祉団体、行政、政治家たちの不理解、抵抗は想像を超えた。

　現在の社会サービスの仕組みは、19世紀からの社会運動を受けて、20世紀初頭から戦後にかけて構築されたが、現在のオランダ社会は当時とはかけ離れた状況にある。もう一度、私たちが求める社会サービスは何なのか、構築し直す時期に来ているのだという思いをシントヤンのメンバーと私は共有するようになっていった。自分たちのビジョンを社会全体の変化の中でどう位置づけたらよいのか何度も話し合い、リスクがあっても近隣を基盤とした生活を選択肢として提供することは21世紀の前提として正しいのだと確信することができた。

　いよいよ老人ホームの将来が危うそうだという気配が強くなった2015年5月、クロースターブールンの住民は自分たちで近隣の老人や障害者のケアを運営する組合を設立した。10月、老人ホームの2015年いっぱいでの移転が突然住民に伝えられたが、この組合がさっそく介入し、2016年1月からホームの運営を行うことになった。行政も政治家もやっと重い腰を上げて住民の取り組みに協力することに合意した。「これから」を自分たちで考え、動いてきたからこそ当事者にとっては悲劇的な「老人ホームの移転」が住民組合の初動の機運となったのだ。

ケア組合設立の風景

　「これまで」の仕組みをどう維持するのか、あるいは拡大するのか、を考えるのではなく、「これから」私たちは何を目的とするのか、そのためにはどのような仕組みが望まれるのか、それを日本の建築士も考え直すタイミングに来ているのだというのが「これからの建築士賞」の審査とこの本の制作に関わりながら感じたことだ。いち早く「成長しない時代」に突入した日本は「これから」の実践的実験の先端にいる。条件は異なるけれど西欧諸国も後を追っている。どんどん広がっていってほしい「これから」の取り組みにこの賞を通して巡り会えたことを私は心から幸せに思っている。彼らの言葉には、創造的な発想転換、実践主義、地道に時間をかけること、などこれからの活路への具体的なアドバイスが溢れているし、多くの人が建築を通してこれからも「豊かさ」をつくっていけると信じて頑張っていることに勇気づけられる。試行錯誤しながら新しい道を模索する多くの老若男女の建築士の方々にも「これからの建築士」たちのエネルギーが届くことを願っている。

# 第3部

# 地域に入り、環境を守る

建築士は地域と関わる。人が居る特定の場所の中で設計行為を行うため、本来、周辺環境を感受し、調整する能力に優れている。この部で見出したのは、そんな地域に対する目線を活動につなげている6者だ。エリアの魅力を可視化し、地域の「生態系」をつなごうとする<u>文京建築会ユース</u>。防災教育を入口にして、地域と建築士を育てる<u>防災教育ワーキンググループ</u>。調査と提言を通して、歴史的建造物の価値への共感を地域に広げていく<u>復興小学校研究会</u>。明瞭な手がかりのない地域でもまちづくりのアイデンティティを育む<u>北斎通りまちづくりの会</u>。郊外分譲住宅地の創成の価値を今につなぐ<u>稲垣道子</u>。地域に潜む名作住宅を多様な分野の連携によって継承しようと企てる<u>住宅遺産トラスト</u>。

建築士は敷地内の建物を整えるだけでなく、地域環境の守り手だ。そのことがもっと認知され、社会的役割を果たすにはどうしていけばよいか。いずれも率直に語られている現在進行形の言葉を、続く読者にも引き取ってほしい。

## 文京建築会ユース
## 地域の魅力を可視化し、発信のチャンネルを変える

### あらゆる角度から地域を見つめ、新たな切り口で伝える

　文京建築会ユースは、東京都文京区を拠点とする都市・建築関係者の若手有志団体だ。専門性を身近な地域に役立てようと結成したものの、そもそも地域のことをよく知らなかった。どんな名所があり、どこにまちの境目があり、何が魅力を形づくっているのか。まずは地域を学び、人に伝える活動を始めた。いずれも日常の風景を違う角度から眺めたり、やや過剰に掘り起こしたりしながら、新鮮なアウトプットによって可視化することを共通の目標としている。

　「文京・見どころ絵はがき大賞」[注1]は、区内の魅力に感じる場所やものを絵はがきで募り、優れた作品を表彰するイベントだ。区役所で毎年開催する展覧会では、文京区の19エリアをかたどった展示台のそれぞれの場所に、全作品をプロットする。地域の好きなところを、誰かに伝えたい！　という幅広い世代の想いが可視化される。

　「まちなかリビング」は、印刷工場の集積する小石川エリアで開催されるマルシェで披露しているプロジェクトだ。工場のパレットを活用して、飲食用のテーブルを道に展開する。地場産業の可視化とも言えるだろう。

　おでん屋の屋台を改装した「いんふぉ屋台」（図1）は、地域活動のチラシを屋台に載せて回遊する構想だ。日々地域で活動する団体はたくさんあるのだが、なかなか日の目を見ない。区役

**文京建築会ユース**
　建築家・建築士の目を通して、より良い「文京らしさ」の醸成に寄与しようという主旨から結成された「文京建築会」の若手有志団体として2011年に発足。リーダーの栗生はるかと、結成当時から在籍する織田ゆりか、上田一樹、石井渉のほか、不定期に参加するメンバーと合わせて計10〜15名程度で活動している。2014年、文の京・都市景観賞「景観づくり活動賞」受賞。現在、ドキュメンタリー映画「ご近所のぜいたく空間・銭湯」を製作中。

注1　文京・見どころ絵はがき大賞：2015年で5回目を迎えるイベント。2010年に文京建築会の主催（後援：文京区）で開始し、2011年より文京建築会ユースも共催している。毎年、区内外から約600通前後の応募がある。

図1　いんふぉ屋台

図2　狛犬背比べポストカード

所にさえチラシを置けないのが現状だ。集まったのは30もの活動。居合わせた人々は思いがけずご近所の熱心な取り組みに触れ、アクティビティもネットワーク化される。

以上のように地域の魅力を可視化し、異なるチャンネルから発信を試みる原点となったのが「狛犬」調査であった。区内には約30か所60体の狛犬が鎮座している。これらすべてを自転車で巡ってプロポーションを計測した[注2]。日常では気にも留めないが、よくよく見ると大変面白く愛らしい。調査をもとにポストカード（図2）の製作・販売や、タウン誌への記事連載をしている。同じように、「団子屋」を全軒回って1本あたりの個数を数えたり、固さを比べたり。もう何の団体かわからない。

注2　このような調査では、路上観察家の林丈二氏が文京建築会ユースの顧問としてたびたびアドバイスをくださっている。普通の人が気づかない物事にまなざしを向け続ける林さんの姿勢は私たちの道しるべだ。

## おとめ湯との出会い──ご近所のぜいたく空間・銭湯

「狛犬」や「団子屋」と同じように、地域への興味の延長で出会ったのが「銭湯」であった。気軽に暖簾をくぐってみたら、想像以上に深刻な事態になっていた。

都内の銭湯は1週間に1軒に近いスピードで廃業している。文京区でも、最盛期には60軒以上あった銭湯が2013年当時で11軒。今や7軒になってしまった。消えてゆくのはいずれも唐破風が立派な風情ある木造銭湯だ。とりわけ、最初に出会った千石地区の「おとめ湯」は美しかった。

男女の浴室が囲む中庭には富士山の溶岩に1本の大きなツツジ。洗い場の小窓からは池を泳ぐ鯉の姿が眺められ、上空には鏝絵の鶴が優雅に飛ぶ。客をもてなす心意気にあふれた実にぜいたくな空間である。これが半年後に廃業するという。私たちに何ができるだろう。

まずは建物の実測を試みた（図3）。はじめは押しかけみたいなものだったが、徐々に店主も理解を示し、資料を引っ張り出して、通常は立ち入れない裏方や母屋まで記録をさせてくれた。身体を包み込むやわらかい湯には井戸水が使われ、燃料は近隣から持ち寄られる廃材だ。地域のサロンとし

図3　おとめ湯実測の様子

ての役割はもちろん、日常的な高齢者の見守りや、災害時の井戸水の供給など、福祉・防災機能も持ち合わせている。

　はじめこそ建物単体の魅力に突き動かされていたものの、次第にその周辺環境と絡み合い、受け継がれてきた共生のシステムに魅かれるようになっていった。銭湯を中心とした生態系とも呼ぶべき繊細な関係性の発見である。あらゆるスケールで紡がれている魅力を伝えるため、実測だけでなく看板の拓本取りや掃除の撮影、営業最終日への立ち会いなど、ハードにとどまらない記録に発展した。

　そして開催したのが「ご近所のぜいたく空間・銭湯」展（図4）。文京区役所のギャラリーに銭湯空間が再現された。実寸大の唐破風や洗い場を模したスペースに、当時現存した銭湯11軒の写真集やインタビューが並ぶ。遠くの温泉地に行かなくてもご近所でこんなにぜいたくな体験ができるということを、幅広い世代に軽やかに発信できるように心がけた。若いメンバーと高齢者が共通の話題を交わす風景は本物の銭湯のよう。4日間で1500名、開館以来最多の入場者数になった。その後も展示物を増やしながら区内外で巡回展を行っている。

　廃業したおとめ湯では買い手を探す見学会を開いた。300名近い見学者が押し寄せ、最後の華やかな姿に、当初は乗り気でなかった店主が一番喜んだ。ご近所さんの「こんなにすばらしいとは知らなかった」という後悔の念は印象的だった。力及ばず建物は解体。マンション建設の看板が立てられることとなった。

　銭湯が廃業する背景には、生活様式の変化に後継者不足、建物の老朽化、燃料費の高騰など、多くの問題が複合的に潜んでいる。それらは建築の専門性だけでは対処できない。ならば領域を超えて知恵を拝借するしかない。アートプロデューサーやクリエイター、若手経営者を招いて銭湯活用のアイデアを公開で出しあった。「つなぐべき地域の文化・景観・建物 魅力再評価」と題したサミットでは、銭湯の議論を入り口に、構造家や建物保存の専門家、外国人芸者まで、さまざまな分野のプロフェッショナ

図4　文京区役所にて開催した「ご近所のぜいたく空間・銭湯」展の様子

図5 現存銭湯11軒の写真集「文京の銭湯」

図6 月の湯見学会の様子（撮影：岡本謙一）

ルとともに、失われゆく文化資源への対策を探った。

## 立て続けの廃業

　その後も区内の銭湯は次々と廃業する。富士山のペンキ絵が三つもあった千駄木の「鶴の湯」もそのひとつだ。
　廃業を見届けた後、建築保存の専門家に所有者への聞き取りを、構造家に耐震診断をお願いした[注3]。予想よりも希望が持てる結果に、現在は新たな用途での活用を提案している。
　目白台の「月の湯」は築88年、三島由紀夫も毎夜通っていた都内最古級の木造銭湯だ。その趣は銭湯好きはもちろん、専門家やなじみのない一般客をも唸らせた。代々交流のある学生寮の学生たちに加え、お泊まり保育で入浴した幼稚園児たちも、成長してなお熱心に通い続けていた。若者の姿が目立ち、先々の可能性を大いに秘めていた。
　東京の庶民文化を代表する建築があっさりと解体されてなるものか。以前にも増してさまざまに記録を残し、見学会や実測会を開催（図6）。メディアへの発信、署名集め、周辺施設と連携した活用や、収益構造の提案を行った。事業者候補が挙がっては消え、残された時間と選択肢が狭まっていく。解体のシナリオがよぎる中で、再現の難しい建具や、記憶を

注3　建物保存活用のノウハウを持つNPO法人「たてもの応援団」の方々や、文京建築会の会員で構造設計者の長坂健太郎氏と協働し、銭湯建築の記録や診断を実施している。

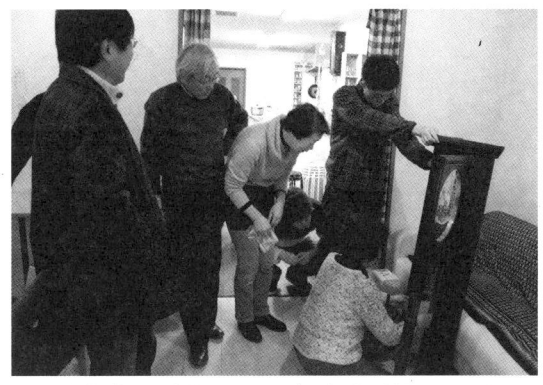

図7　解体前に救出した部材や品々はさまざまな場所へ引き取ってもらった。おとめ湯のタイル絵は多治見市のモザイクタイルミュージアムへ。貴重な型の自販機はコカ・コーラ社によって米・アトランタへ。特徴的な鶴の鏝絵の懸魚は一木努氏の「建物カケラ」コレクションに。木製のロッカーは神奈川県三崎の銭湯に引き取られた。立派な柱時計は近隣のコミュニティカフェで愛用されている

語る調度品を引き取って区役所に展示をした。唯一無二のペンキ絵やタイル絵も美術保存の専門家の協力により壁から剥がし、区内の倉庫に保管中だ。

あと少しという光が見えながらも、空っぽになった「月の湯」は2015年8月に解体された。

本稿の執筆中にも4軒目。大正初期創業の本郷・菊水湯が閉店、解体中である。もう止めどない。

## 地域の生態系の危機

一連の銭湯の活動は、銭湯の担い手たちや地域の方々との関係性づくりから始まった。足しげく通い、その日常に寄り添うことで初めて、普段踏み込めない場面に立ち会える。

店主が60年間休まず繰り返してきた深夜の掃除。建物の細工に見られる日本人の精神性や職人の心意気。戦前・戦後の東京の変化や地域の記憶…現場でしか得られない学びの数々である。

上京してきた学生が掃除当番をして家族のように可愛がられていたり、文字の読めない番頭さんが地域の人々に大切にされていたり、そこは人々の多様性を受け止めるかけがえのない居場所となっている。最終日に「元気でね。今度はどこで会えるかね」と交わされる常連さんの今生の別れを目撃し、コミュニティの解体をリアルに感じた。

このようにぐっとミクロに入り込む一方で、マクロな視点で地域を俯瞰する。

前述の菊水湯界隈は、震災・戦災で焼け残り、タイムスリップしたかのような木造長屋が密集している(図8)。菊水湯という生活インフラの喪失は、周辺の環境に顕著な影響を与えるだろう。奇跡的に維持されてきたまちの様相が一変するかもしれない。

住宅街の中心に広い土地を有し、それぞれの地域の物語を紡いできた銭湯。都内に現存する約600軒のストックが無個性な風景に変わってしまうのは悲しい。

図8　菊水湯。多くの文豪のゆかりの地であり、海外からの観光客も訪れる風情ある一帯。銭湯の存在で維持されてきた低層の木造住宅一帯を、解体直前にドローンによる空撮で記録に留めた(ドローンフライト：請川博一、撮影：根本祐樹)

成熟した現代に見合う新たなコミュニティの拠点として創造的に維持・活用されたら、どんなに東京は面白い場所になるか…。私たちが創造性を発揮できる場所はまだまだ身近に眠っている。

## 新しい関係性でまちの物語をつなぐ

銭湯に足を突っ込んでしまった、否、どっぷりと肩まで浸かってしまったばっかりに、懐古的な銭湯保存団体だと勘違いされてしまうことが多い。しかし、何よりも憂慮しているのは建物単体が失われることよりも、ひとつの銭湯の廃業による地域の生態系の連鎖的な崩壊だ。

悔しい思いをしながら、段階的な活用案を提示したり、新規住民への招待券を近隣の不動産屋との連携で配布したり、つまらない結末にならないためのさまざまな選択肢や方策、ネットワークを蓄積している。

今年、「まちつぎ」というタイトルで展示を行った。地域に眠る記憶・歴史の発掘をもとに、新たな活用も踏まえてまちを継承する"継ぎ"。出会わなかった人やものをつないで新しい価値を生み出し、一連の物語につむぐ"接ぎ"。そして、さまざまな人々が協働しながら、次世代の姿をともに考える"次"。

人の一生よりも長い年月をかけてストックされてきたまちの物語が無になってしまうのではなく、あらゆる手法でつなぎとめることの大切さを感じる。かつて地域を支えていた生態系が存続の危機にあるならば、私たちはそれをどのように継承し、新しい関係性によって現代の生態系として再編できるだろうか。

そこで改めて、地域の事物を新鮮な視点で再発見すること、それらの魅力や物語を共有できる価値として発信し、新たな可能性を示すことが重要となる。従来の方法では数値化できない価値を、あらゆる手段で可視化することで結果はまるで違うはずだ。それこそ建築を専門とする私たちの職能ではないか。

銭湯解体の報告を受ける重たい定例会を、近所のおいしい揚げ出し豆腐の差し入れが和ませた。次は区内の豆腐屋全10軒を巡る予定だ。地域で長らくつくられてきた豆腐をポップに発信する。銭湯の周辺には井戸があり、良質な水の近くには豆腐屋がある。その次、またその次と、関係性をたぐり寄せながら再発見する地域コンテンツをレイヤー状に重ねれば、まだ見たこともないような深みのある地域の魅力に出会えるはずだ。

対話—文京建築会ユース ×倉方俊輔
## 「文京区」のスケールを活かし、生態系をつなぐ

文京建築会ユースの活動は、一見建築には結びつかないような地域資源探しから始まった。しかし、その背景には確かに建築専門家としての知見があり、原理主義に陥らない現代的な強さを持ちながら、多様な興味を着実に地域の生態系づくりに積み重ねている。「建築家っぽいまちの人」まで含めたあらゆる地域資源を活かそうとする彼らの活動に、これからも目が離せない。

### ■建築を生態系として捉える

**倉方**　銭湯に取り組む以前からの皆さんの活動も重要で、銭湯プロジェクトの面白い手法が、それ以前にも試されていたのだと知りました。その手法とは「浮かび上がらせる」ということ。地域活動を可視化した「いんふぉ屋台」にしても、「狛犬背比べ」や「団子調査」にしても、すでに地域に存在していたものが、ふわっと浮かび上がる。今までになかったけれど効果的な「編成」、つまり組み合わせ方と、良好な「デザイン」が施されているからでしょう。

そして、銭湯プロジェクトは以前からの活動の集大成であると同時に、建築的思考の次のステージに進んだとも言える。というのも、皆さんのバックグランドは建築でありながら、従来の「建築」に対する疑問も抱いて、直接には別の対象に取り組んでいた。銭湯との出会いは、そこからの自然な流れで、銭湯の存在を浮かび上がらせる手法の軽快さにも、それ以前の活動の編成やデザインの妙が生きている。しかし、最初は軽い気持ちで出会った銭湯は、やはり大きな建築の問題に絡んでいました。そこで、従来の「建築」への疑問に対する解答として、活動がひとつ上のステージに進まざるをえなかった。そんな弁証法的な過程が、現在の建築的思考を生み出したのではないでしょうか。

**栗生**　確かにそうかもしれません。「銭湯」以前とのつながりはこれまで意識していませんでした。でも、その「建築」への疑問に対する解答とはどういうことなのでしょうか？

**倉方**　建築を「生態系」として捉えていることです。「建築」の人は建物だけを見がちなんですよね。銭湯の建物だけ記録するとか、それが残ればいいとか、建物としての価値を専門家の中だけで発信してしまう。でも皆さんの取り組みは違って、建物がその中にある部位や道具、人の行為とともに成立していることを知っている。同時に、外に広がるエリアとの関係にも注目している。皆さんの活動は、人間がつくった生態系として、建物と部位とエリアとの連続性を捉えているところが新しく、重要な視点だと思います。

### ■0か100かではない残し方

**倉方**　建築士の能力って、こう使うといいのかと気づかされたのは、二つの「バラバラ」をうまく使っていることです。ひとつは、生態系というのはいわば「全体性」だけど、それを維持するために「個別性」で勝負していること。具体的には、空間や平面を上手にデザインするとか、部材の拓本を取るとか、人の言葉を聞き取るとか、そうした技が集まって形成されている「建築」の能力を、個別に駆使しています。もうひとつは、建物という単位の解体です。たとえば、

部材を残すということ、言葉も含む記録を編むといったことは、これまでの専門家があまり注力してこなかった。部材だけ、記録だけでもやっていこうという雰囲気が、皆さんの活動から感じられます。建物の部分や、自分の中にある建築的な能力を個別に組み合わせて、暴力的な現在の流れに抗おうというのは、ひとつの正しい戦略だと思います。

**上田**　もちろん、建物全体が残るのが一番ですが、その部分や周辺の記録を通じて生態系を浮かび上がらせることで、次世代につないでいこうとしています。

**倉方**　0か100かではないってことですよね。100の理想を保ち続けているからこそ、逆に個別に、柔軟にやっていくことができるというのが、皆さんの強さだと思う。一見、弱いようで粘り強い、現代の強靭さですね。

**上田**　弁証法的にとおっしゃいましたが、確かに異なる物事の間を手探りで行ったり来たりしながら新しい答えに向かえないかと意識しています。建築と非建築の間、専門性と庶民の文化や知恵の間、部分と全体の間…。

**倉方**　銭湯のようなものは、中の部材や人、外のエリアとも緊結されているから、移築や凍結保存、転用による価値の継承が難しい。本当は、社会は99％以上がそうした「建築」以外のもので成り立っていて、それにどう関わっていくかということが重要だけれど、あまり考えられていない。

**上田**　立て続けに廃業してしまう月の湯と菊水湯を眺めながら、象徴的だと思ったのは、月の湯が建物単体でも価値が高いと専門家からも判断されている一方で、菊水湯はその99％の「建築」以外のもの、すなわち周辺を取り巻く環境と一体となって価値が形成されていることです。やっぱり生態系を記録・継承するということが大事になるだろうと思っています。

## ■資格の功罪

**倉方**　建築士という資格についてはどう思われますか？　この資格は役に立たないんじゃないかとか、こうあってほしいとか、自由闊達な意見をお聞きしたいのですが。

**栗生**　実際に地域に入り込んで意義のあることをやろうとすると、正直、建築士の資格云々ではない気がしてしまいます。建築士って今の定義だと、かなり専門性の高いものですけど、たとえば風邪をひいて最初から大学病院にはあまり行かないですよね。大学病院ほどの専門性を必要としていない時に、もっと身近に相談に乗ってくれる町医者みたいな人が必要だと感じます。相談の手立てがなくて、素人判断で可能性をゼロにしてしまっている場面を多く見ました。そこの立ち位置に建築士がもうちょっと下がってきて関われるような仕掛けや発想があると、地域に大きな変化が起こると思うんです。

**上田**　建築士でなくても、建築家っぽいまちの人っていますよね。建築家みたいな考え方ができれば、もうその人は「建築家」だと思うんです。そのまちの文脈をきちんと読んで、ここにはこういうものをつくるべきだ、これはきちんと残していくべきだ、っていうのを空間としてイメージできている人は結構まちの中にいる。時間と空間のスケールを超えて考えられる人です。建築家っぽいまちの人と本当の専門家とを、もっとコラボレーションさせられるといいですね。

**倉方**　それらを「建築家みたいな考え方」と呼んでひとまとまりにし、大事にできるのが専門家の存在意義だと思います。専門家がいないと、非専門家の中にある専門性を把握し、育む力は生まれづらいのではないでしょうか。そしてこの「専門家」は、建築士という資格とイ

コールではない。

**織田**　私は一級建築士の免許を取りましたが、勉強で得た知識が直接的に役立つかというとそうではなくて、地域活動で必要とされるのは、たとえば不動産やお金についての知識とか、どちらかというと建てる能力より、横の方に人をつないでいく能力の方ですよね。

**石井**　やはりまちとか地域って、人が住んで暮らしているものですから、数字じゃないんですよね。ところが、建築基準法の数値を満たしているからいいでしょ、っていう方もたまにいて、でもそれは違うと思うんです。

**倉方**　資格を持っていると、かえってできなくなることがあるということですよね。数字でないところが重要なのに、クリアすればOKと思い込んでしまう怖さがある。さらに大きな問題は、建築士の資格が建物だけのパッケージだということですね。まちの中の建物を生態系の一部として捉えなければいけない時に、経済のように密接に関係するものが含まれていない。逆に、昔の分冊できない百科事典のように、大きな1セットでしか売っていない。ただ、建築士の試験の中に入っていることで、すべて解決できるわけじゃないということさえ自覚していれば、建築士の資格は割とお買い得の定番商品ではないでしょうか。

■ **リアルなつながり、仮想のつながり**

**倉方**　いま私たちのいる「アイソメ」注も地域に開かれた場ですが、皆さんの活動は、建築士あるいは建築的な能力を持った人間が地域に関わっていくことで、生活環境が良くなってい

文京建築会ユース（左から、栗生はるかさん、上田一樹さん、織田ゆりかさん、石井渉さん）と倉方俊輔さん（手前）

くという確信を実行されている点で一貫しています。その時の「地域」というものの範囲は、どう捉えていますか。

**栗生**　単純に想像の及ぶ範囲というか、歩ける範囲でしょうか。1日で行ける範囲が私は身体感覚を通して把握しやすくて、向き合える大きさかなと思います。大学時代に留学していたヴェネツィアの島は、そのエリアに知り合いが何人もいて、1日かければ歩いて回れるというとても心地良いスケールでした。文京区はその2倍ですが、1日かければ自転車で回れるサイズ。そのくらいの範囲で責任を持つ、ということですかね。こういう活動をしていると、ひとつ成功事例をつくって、全国で展開しようという野望が出てきたり、そうした方がいいと言われることもあるんですが、でもまずは身近な事象に逃げずに向き合うのが重要だと思っています。

**上田**　たとえば銭湯のお客さんがどんな範囲から来ているのか。小学校ごとの地域の単位があるように、銭湯ごとの単位もあるはずです。そういう小さな単位でしか今のところこのメンバーでは責任を持って関われない。だ

から、他の地域の同じような団体と連携できればいいんですけどね。

**栗生** 　やっぱりある程度言葉を交わして信頼関係を結ばないとできないような活動なので、「地域」というとそれが可能な範囲ですね。

**織田** 　自分が責任を持とうと思う範囲で言うと、実は文京区はやや広いかもしれません。

**上田** 　でも「文京」って名前がついていて、地元の若い建築の人がやっているからということで、話を聞かせてもらえたり、懐に入れたりっていうのはあると思うんですよね。

**石井** 　文京区も住宅街があり、商業地域があり、下町もある。三つの要素を持っているので、文京区だけで十分面白いんですよね。とりあえず今はもう少しこの地域と密着して、何かしら完成した時に、そういう地域の発展や隣の地域との連携といったことができたらいいですね。

**倉方** 　想像の及ぶ範囲とか、直接やり取りをする範囲というのが、皆さんにとっての「地域」で、文京区というのは、それとは異なるやや仮想的な世界なんでしょうね。ただ、上田さんがおっしゃったように「文京建築会ユース」という名がついているから、文京区全体の人が招き入れてくれる。

**栗生** 　そうですね。「菊水湯」の活動では、区内の大学・企業・住民と協働しています。今後は行政にもアプローチしていくつもりです。それぞれが身の回りの問題に「自分ゴト」として向き合う、ひとつの理想的な状況が生まれつつあります。地域の需要にさまざまな分野のスキルを上手く紐づけたり、「地域」という共通のフィールドに熱意を持った人が参画できるような土壌を整えたりすることも、私たちの役割かもしれません。

　地域を掘り下げていく一方で、剥がしたタイル絵を通して多治見市の方とつながったり、富士山のペンキ絵を通して静岡県の方とつながったり、この地域の断片が、思いがけない幅広いつながりに発展しています。「地域」が時空を超えて、本来の豊かさを考えるきっかけとなっている気がします。

（2015年10月12日、文京区根津の「アイソメ」にて）

注　アイソメ：根津、藍染大通りの築100年の6軒長屋の一角。地域サロン、シェアオフィスとして改装し、「文京建築会ユース」のオフィスも入っている。年に1回、根津例大祭の神酒所になる、町内にとっても重要な拠点。歴史あるまち並みや文化をつなげていけるよう活用している。

防災教育ワーキンググループ
# 防災教育を通じて、地域と建築士を育てる「まち建築士」

防災教育ワーキンググループ（以下、WG）は東京建築士会の常設委員会である「まちづくり委員会」と「青年委員会」のそれぞれから選出された委員による合同WGである。まちづくり委員会の地域防災に向けた活動の一環である、市民向け防災ハンドブックの作成が青年委員会に依頼されたことをきっかけに、このWGが発足した。WGメンバーは常任8名で、イベント開催時はそれぞれの委員会より協力を得ながら活動している。

WGの目的は、首都直下地震を代表する、大規模な地震災害での人的被害の抑制を図ることである。そのために、1. 市民向けの防災・減災の啓発活動、2. 防災ハンドブックほか防災ワークショップツールの作成、3. 防災・減災に精通した建築士の育成の三つの目標を掲げ活動を行っている。また、これらの活動を通じて建築士が地域のまちづくり活動へ積極的に参加していくことを期待している。

まずは、防災ワークショップツールをいくつか紹介したい。

**防災教育ワーキンググループ**
市民向け防災ハンドブック「防災本」の作成を目的に一般社団法人東京建築士会にて「防災ハンドブックワーキンググループ」として発足。防災本完成後は、地域へ向けて建築士の職能を活かした防災ワークショップを行いながら、地域の防災力向上と地域で活躍する建築士の育成を目指し、「防災教育ワーキンググループ」として活動を行っている。

図1　市民向け防災ハンドブック「防災本」

## 市民向け防災ハンドブック「防災本」

　防災ハンドブック「防災本」（図1）は、災害に強いまちづくりを目指して建築士が積極的に地域に働きかけるためのツールとして作成された。防災本には、比較的被害が大きくなりやすい人口の密集した首都圏の地震災害を想定した基本的な防災・減災のための知識が盛り込まれている。小学生から高齢者まで幅広い年齢層の方が防災・減災の知識を楽しく学ぶことができるように、なるべく平易な表現を用い、イラストやキャッチフレーズなどで小さな子どもたちにも記憶に残りやすい工夫をしている。掲載項目は「住まい」「地震と建物・地盤」「街」の三つのセクションからなる。自助、共助に加え建築士の視点を活かした知識も盛り込んでおり、建築士の職能の一端を地域へ発信することができる。建築士による「防災本」を用いた防災・減災活動が、建築士の地域活動への参加のきっかけとなるのである。そのため、防災本のPDFデータは東京建築士会のウェブサイトからダウンロード・印刷が可能であり、裏表紙には自身の連絡先等を記入できるスペースが設けられている。

注　防災本は下記URLからダウンロードできる。
http://www.tokyokenchiku-shikai.or.jp/jigyo_event/bo-usaibon.pdf

## 遊びながら防災を学べる「BouKen（防災×建築）トランプ」

　「BouKenトランプ」（図2）は52枚すべてのカードに防災と建築に関わるイラストとキャッチフレーズが描かれており、遊びながらカードのイラストを見て、フレーズの問いかけを考え、知識を得ることができるツールである。カードには若い番号から「減災」「災害時」「対応」の事柄が時系列に記載されており、J、Q、

減災カード（青）　　災害時カード（赤）　　対応カード（緑）　　知識カード（黄）

図2　BouKenトランプ（意匠登録・商標登録出願中）

Kのカードには防災に関連する「知識」の事柄が記載されている。また、それぞれの属性のカードは青、赤、緑、黄の色で識別できるようにしている。

「減災・対応ゲーム」の遊び方は、「災害時」カードを中央に積み、残りのカードをプレイヤーに配る。そして、中央の「災害時」カードの状況に関連する事柄や対処方法をプレイヤーが順番に手持ちの「減災」「対応」「知識」カードで導き出し、なぜそのカードを出したのか発言するゲームである。ランダムに配られる「減災」「対応」「知識」カードは、その時々の災害時の状態に直接的には関係していないものもあるため、災害の状況をイメージして、手持ちのカードのみで関連づけていかなければならない。実際の災害時も、その時々で状況に対応しなければならず、このゲームを通して、防災を軸に、型にとらわれない自由な発想を促し、応用力や判断力を鍛える効果を期待している。

図3 「BouKenトランプ」を体験する建築士向けのセミナー

他にも、図4〜8のような防災ワークショップツールを用い、市民に広く防災・減災を啓発している。

## 地域と建築士を育てる防災活動

2013年9月、墨田区で開催された防災イベント「第1回首都防災ウィーク」への防災ワーショップ出展が、WGで初めての地域へ向けた防災活動であった。当時の「防災本」はホッチキス留めで、防災ワークショップツールも試作中のものであった。しかし、来場者の多くが興味を持って防災本を手に取ってくれた。このワークショップを通じてわかったことは、市民は防災への関心を確かに持っているが、実際に行動している人は少ないということである。また、最近は学校でも防災教育が行われており、むしろ大人より子どもの方が

図4 固有周期がわかる「ビル振動模型」
同じ地震でも、建物の高さによって、揺れ方が変わることを実験的に理解してもらうツール。背の高い建物は、ゆっくり揺れる(=長周期)地震では揺れが大きくなり、背の低い建物は小刻みに早く揺れる(=短周期)地震に対して揺れが大きくなりやすい。子供に限らず、大人もこのような知識が頭の片隅にあれば、地震の時の対応に余裕が生まれる。

図5 家具の移動転倒の危険を知る「リビング模型キット」
家具固定の大切さを身近に感じてもらうためのツール。家具が配置された模型を見せ、大きな地震が来るとどうなるかを問いかけながら、左右に揺らす。家具を思いっきり倒すと、子どもたちはびっくりする。家具が人を直撃することや、扉の近くにある家具が出口を塞いでしまうことを話し、どうすればいいか考えさせる。家具を固定したり、扉を塞がない配置に変えたりして、その効果を確かめる。

図6 平面図をつくって「自分の家のキケン発見！」
このワークシートは、「リビング模型キット」で学んだことを自分の家に置き換えて考えてもらうためのツールである。テンプレートからテーブルなどの家具や扉などの開口部を切り取り、LDKを再現させる。最後に危険と思われる箇所に「危ないシール」を貼って完成。危険を予知する力となり、家族と実際の家具固定を確かめてもらえば、減災につながる。さらに、平面図という思考方法を育むことにも役立つ。

図7 ぼくのわたしの「非常時持出袋を作ろう！」
なぜ非常時持出袋が必要なのか、どんな場所へ置くのか、安全に行動するためにどの程度の重さにまとめる必要があるのかなどを、体感と対話に重点を置きながら子どもたち自身が答えを導き出せるように構成したワークシート形式のツール。ワークショップでは、根拠に基づいた判断力を身につけられるよう、断定的な声掛けで答えを誘導しないように心がけている。

図8 建物の構造がわかる「ストロー建築」
身近な素材であるストローとクリップを使って、建築物の強さの秘密に触れるワークショップ。対象者は、未就学の子どもから大人まで幅広く、一度つくり始めるとついつい熱中してしまう。つくり方は簡単で、作業は主にクリップにストローをさすだけだが、筋交いのあり・なし、平屋建てと2階建て、軽い屋根と重い屋根など、つくり方の違いで揺れに対する強さに変化があることを学ぶことができる。

防災に興味を持っていると感じられた。そこでWGでは地域の将来を担う子どもたちへの防災教育が地域全体の防災力向上に有効であるという考えのもと、子どもを対象とした防災ワークショップツールの充実化を図った。これらのツールを使ったワークショップはいずれも子どもたちに大人気で、毎回大変な賑わいを見せている。その後、墨田区と中野区で開催される防災イベントには毎年出展し、防災・減災への活動を通じて市民と建築士の交流を図っている。

また都内の学童保育施設で小学3年生を対象とした防災ワークショップも開催している。子どもは展示物や体験、工作に興味を持っているので、防災ワークショップツールは子どもの関心を非常に集めることができる。子どもたちには、きっかけさえあれば防災・減災について自分で考える力がしっかりある。ワークショップでは自分が被災した時の状況を想像し、自分なりに防災や減災のために必要だと思うことを積極的に発言していた。

また、すべての建築士が防災・減災に精通しているわけではない。そのため、防災・減災の幅広い知識の習得、共有化を図り、地域へ向けた防災ワークショップやセミナーなどを開催する講師となる建築士の育成もWGの重要な活動のひとつである。2015年には、「防災本」を建築士向けに増補した「講師用テキスト」(図9)を作成し、防災ワークショップツールの活用方法もあわせて紹介するセミナー「これから始める地域建築士」を開催した。40名の定員はすぐに埋まり、地域での防災・減災活動に高い関心のある建築士が多くいることを伺い知ることができた。

図9　建築士向け「防災本講師用テキスト」

## 町医者ならぬ「まち建築士」を目指して

　地域防災イベントへの防災ワークショップの継続出展はもちろん、今後は、小学校や町会、マンション管理組合などの小コミュニティを対象とした防災ワークショップやセミナーも開催したいと考えている。これは建築士が地域で防災・減災活動を行う場合の活躍の場となることが想定されるからである。そこでWGが得た経験を、将来の地域建築士へ発信していきたい。

　また、防災ワークショップツールのさらなる充実化も進めており、「海洋プレート模型」や「防災マップ作成ツール」などの計画が進行中である。首都圏では諸外国の方々も多く暮らしていることから、英語版防災本も作成し、防災・減災の知識を共有したい。

　建築士が防災・減災活動を通じて地域コミュニティへ積極的に働きかけ、地域の防災力向上と同時に、町医者ならぬ「まち建築士」として、地域で活躍していくことを目指し、WGではこれからも活動を続けたい。

対話—防災教育ワーキンググループ　×倉方俊輔
## 建築士として防災に貢献しながら、地域に入り込む

あなたは自宅から一番近い設計事務所を知っているだろうか。自宅が設計事務所でもない限り、そこの建築士と挨拶もしたことがないかもしれない。魅力的なツールによる子どもへの防災教育を入口にして、地域に入り込む町医者的な建築士の活動を最も素直に行っている防災教育ワーキンググループの星野隆夫さん、山崎裕史さん、畠山由美子さんに、「まち建築士」としてのあり方を伺った。

### ■子どもから自助の力を養う

**倉方**　魅力的なツールがあることは大事ですよね。抽象的に防災の重要性を言われてもピンとこないかもしれないけれど、こうしたものがあれば、子どもたちも手を伸ばすし、建築士も防災教育をしたいと思うでしょう。

**星野**　地域で防災イベントを行いたいという建築士はたくさんいますが、一から方法を考えるとなると大変で、なかなかやろうという気が起こらない。そこですでに完成しているツールがあると「自分もできるかな」となる。ツールをオープンにすること、内容を分かりやすくすることを心がけています。

**倉方**　イベントでの反応は実際、どうですか。

**星野**　たとえば「自分の家のキケン発見!」は、自分の家の家具の配置を、はさみとのりで切って貼って再現して、自分の家の危険なところを見つけようというものですが、子どもたちは手を動かすことが好きなので、夢中で親御さんと「ああでもない、こうでもない」と言いながら、つくってもらっていますね。親御さんも、子どもに「ここが危ない」って言われたら対策しないわけにはいかない。地域でやるイベントは、子どもだけでなくお父さん、お母さんも一緒に活動するので、すごく伝わりやすいのがメリットですね。

**倉方**　「非常時持出袋を作ろう!」というのも面白いですね。

**星野**　自分の防災袋があったら何を入れるかを、子どもたちに選んでもらいます。ワークシートにないものは自分で書いてもらう。なぜそれを選んだか、どんな役に立つかを会話すると、子どもは我々の思ってもみないような意見を出してきたりして、なるほどと思います。最近の子だと携帯ゲーム機とかを書くわけですが、電池がなくなっちゃうと使えないねとか、そういう話をしていくと、子どもたちもいろんな想定をしはじめます。

**山崎**　これが何の役に立つのか、想像力を働かせないと分からない。そういった考えさせるワークショップを行うように常に心がけています。

**畠山**　「BouKenトランプ」(p.137)も同じで、たとえば「外出先や通学中に地震が起こった」というカードが出たとします。手持ちのカードの中に、これに対応するものとか事前にできることがあれば出していくんですが、全然合うカードがない場合、たとえば「液状化って何のこと」というカードしかなかったとしても、これに結びつけて、「海の近くでこういう災害が起こるかもしれないから、液状化のことも知っておくと自分の身を守れる」と、理由づけをして出せる。それを他のプレイヤーがジャッジします。

**星野**　みんなを説得できればOKです。

倉方　論理的に、納得がいくようにプレゼンテーションする必要があるというのは、建築的ですね（笑）。

星野　防災本を制作していた時のキーワードに「防災の答えはひとつじゃない」というのがあったのですが、まさにそれなんです。セオリーだけじゃなくて、意外とこういう活用もできるよ、と考えながら答えを出して、納得させる。そうすると、大人もすごく頭を使いますね。

倉方　「漢字の書き順はこうでなければいけない」みたいな教育ではないから、子どもたちものめり込むんでしょうね。自分で考えた事柄を「それも確かにいいかもね」と認めてくれたり、褒めてもらえたりする。

山崎　防災教育と言っている割には、教えるのではなくて、一緒に考えていこうという感じです。

倉方　防災と聞くと、遠くにある非日常の出来事に思えてしまうけれど、実際には次の瞬間に地震が来るかもしれない。非日常は日常のすぐ裏に張りついている。普段からそこに身を置いて考えるようにしておけば、免疫力が高まる。それは大人も子どもも一緒でしょう。でも、大人の方が目先の実利しか考えないで、防災を非常時のこととして追いやってしまう傾向がある。それに対して子どもは、仮想のゲームのように入り込める。だから、子どもから始めるというのは、防災の重要性に大人も巻き込む、正しいルートですね。

星野　防災教育で想定した記憶が呼び覚まされて、非常時にとっさに出てくる、そんなふうに体に染みつけさせたいんです。

倉方　その回路をつくることで、個々人の強靭さを高めていくんですね。

星野　自分の身を自分で守る力を、子どもたちにつけてほしいんです。特に都会では、家でひとりでいるときなどに災害が起きたら、近くに頼りになる大人がいないケースもありますよね。大人だったら自分のことくらいはなんとかなるのですが、子どもが災害のときぽつんとひとりでいる状況で、どうするべきなのか。

倉方　確かに、常時であれば大人が子どもを見守り、対応すればいいけれど、非常時では子どもがひとりでいる可能性もある。

星野　ぐらっときてすぐに火に近づいたらいけないとか、そういう知識があるだけでも、子どもはパニックになりにくい。無傷だったら、助ける側にも回れる。救うべき人を救うためにも、自助の力はとても大事だと思います。

■ 建築士のことを知ってもらう

倉方　以前、防災ワークショップツールのことを「建築士が地域に入り込んでいくためのツールでもある」とおっしゃっていたのが、とても明快でした。

山崎　建築士が防災についてできることは、まずは減災だと思うんです。要は被害を大きくしないという、事前に対応できることを伝えるのがメインです。通常の防災ガイドは地震から身を守って、避難を行うといった発災してからの話が多いと思うのですが、建築が担っているのは被害を小さくすることなので、そこはきちんと押さえていこうと考えました。ですから「防災本」でも、前半は地震が起きたときの対応を書いてありますが、それだけではなくて、家具の転倒を予期して固定しておきましょうとか、まちづくりに関わる環境のこととか、そういうこともかなり取り上げました。

星野　事前の備えというものを強調して伝えていった方がいいね、という話は初めからありました。それはやはり、本をポンと渡して伝わるものでもなくて、それを持って地域の人のところに出向いて、話をした上で「ここに載っ

ていますから」と言う方がいい。本をつくってバーっと配るのではなくて、何かセミナーやワークショップをやった上で、その本をおみやげとして渡せるような、そういうものとしてつくっているんです。

**倉方** 人がメインで、サブテキストとして「防災本」がある、という位置づけは、最初の頃から決まっていたのですか。

**星野** はい、決まっていました。建築士というものをまちの人々に知ってもらえるように、裏表紙には建築士の名前や連絡先などを書ける欄を設けています。

**倉方** 伺っていると、先ほどの、日常の中で非日常に身を置いて考えさせるということと、事前の備えが大事だということ、建築士の仕事を理解してもらうということが、一直線につながっているのが分かってきました。事が起きる以前に、あらかじめそこに身を置いて考えようとする。そもそも、建築士、設計者というのは、そういう仕事ですものね。こうしたら人々のどのような活動が起こるかなとか、これくらいの風が吹いたらどうかとか、良いことも悪いことも想定して、ある形を事前に決めていく。

**星野** それができるのは我々建築士しかいないんですよね。

**倉方** 起きてからどうするかという意識から、そもそもそういうことをしっかり設計していかないと、という考えにつながる。建築士というのは、机に向かって変わったデザインをしている人ではなく、そういう存在としてまちなかにいるんだよと、正しく思ってもらえそうです。

**星野** 建築士が防災というと、ピンとこない人も多いのですが、実際、災害というのは建物

防災教育ワーキンググループの皆さん

と絡んで起こるわけです。地震というのは現象ですが、そこにハードがあるから災害がある。だから、建築士と防災はとても関係が深いんです。

**倉方** ハードのあり方によって、被害がより増える場合もあるし、もちろん減る場合もある。

**星野** つくり手と使い手と、両方揃わないとなかなか防災にならない。せっかく防災のためにつくり込んでも、それを正しく使わないと、やっぱり事故になってしまう。だから、あらかじめ建築士が使い手とつながっておくと、その意図も伝わる。なるべく気軽に、ちょっとしたことでも相談できる、そういう関係を常に築いておくといいと思います。

**倉方** 建築士は建物をしっかりつくると同時に、それが理解されるような状態も構築する必要がある。ハードとソフトは離れられないものだということに、皆さんの活動は意識的であると言えますね。ハードの使い方が認知されていなければ、非常時に機能しないかもしれない。それには建築士が人々に近しいものとして認識されていないといけない。そうでないと、後でどうつくり変えたり、補強したりすればいいかも不確かになるし、そもそもハードをしっかりと頼もうということがなくなって

しまう。

**星野** こういう地域のイベントとかで顔見知りになって、「建築士ってこんなことをして、こんなことも知っているんだ」と分かっておいてもらえれば、困ったことがあったら、たとえば盆踊りの日に顔を合わせたときにでも、「そういえば聞きたいことがあったんだけど」みたいに気軽に聞いてもらえる。そういうことからつながっていき、それがまた仕事につながる…というふうになりうるのです。まずは、建築士ってただ建物をデザインしたり建てたりするだけじゃない、というのを分かってもらうことにメリットがあるのかなと思います。でも、それを我々の今のメンバーだけで発信していっても全然人手が足りないので、建築士を教育して、我々と同じように、地域で防災活動ができる仲間をどんどん全国に増やすために、建築士向けセミナーというものもやっています。

## ■防災から地域全体の他の課題へ

**倉方** 皆さんは「まち建築士」を目指すとおっしゃっていますが、その言葉の意味に、二つの方向が重なっているわけですね。ひとつは、建築士がまちにもっと溶け込まないといけない。工務店や大工さんのように、ひとりひとりに向き合えて、相談してもらえるような、地域で顔がちゃんと通っている、身近な建築士であるべきだということ。もうひとつは、まちにとって他の職業とは違う、建築士というものが必要であるということ。つまり、エリア全体を考えるということは、工務店や大工さんでは難しい。そこに建築教育を受けた人間がいることが、まちのプラスになっていくだろうと。防災教育を通じて、学区や町会で活動を続けていくと、そのエリアの建築士が景観など地域の他の問題の相談にも乗っていくというステージも見据えている活動だと思います。

**星野** 地域のことは地域に住んでいる建築士が一番分かっているんですよね。そういう活動ができる地盤をつくることが、今我々の目指すところなのかなと思います。

**山崎** 子どもから始まって、少しずつ大人の防災の知識も増えていったとき、まず自分のまわりの防災をやったあとは、やはりまちとしてどうするかという意識につながっていくでしょう。それはたぶん町内会レベルの小グループで取り組まれると思いますが、その町内会の中に建築士として我々がアドバイザーのような立場で入っていければ、ただ塀をブロック塀で遮るんじゃなくて、木とか生け垣でも同じような効果があって、でも風もちゃんと通るようになる、というような提案ができる。そうすれば、まちがさらに良くなっていく。そういうところにつなげるためにも、まずは今、防災への意識を持ってもらうことが大事ですね。

(2015年11月14日、東京都新宿区にて)

# 復興小学校研究会
## 調査と提言を通して、歴史的建造物の価値を地域と共有する

### 東京の戦前期RC造小学校と復興小学校研究会

　関東大震災の復興事業として1920年代から30年代に117校建設された「復興小学校」など、東京市によって戦前に建てられた鉄筋コンクリート造小学校校舎は、優れた教育環境と豊かな空間性を備えて地域の核となっていたが、年月を経て現存数は年々減っている。モダニズム黎明期といえる時代の小学校建築に魅せられた私たち復興小学校研究会は、それらが歴史的・文化的に貴重な建築であること、その多くは耐震性にも問題がないことを伝え、持続的活用に向けた提言を行っている。メンバーは9人で、うち5人が建築士、ほか4人は復興小学校に詳しくゆかりのある市民である。

　復興小学校研究会の出発点は、復興小学校のひとつであった中央区立明石小学校旧校舎(図1)の保存活動の中で、お互いが知り合ったことである。校舎の建築的な価値や、耐震・耐久性があることを市民に説明し、リノベーション案を提案した。しかし建て替えが決まって広報されてから始めた保存活動であったため、「この校舎がそんなに重要なものとは知らなかった。もっと早い時期に話を聞ければよかったのに」というのが大方の反応であり、いかにも遅すぎた。この校舎は2010年に解体さ

---

**復興小学校研究会**

　2011年に建築士5名(大橋智子、金山眞人、佐田祐一、多羅尾直子、日色真帆)と市民4名により発足。復興小学校をはじめとする戦前期RC造小学校の調査や視察、研究会・シンポジウムの開催、資料集『図面で見る復興小学校』(2014)発刊などを通じ、地域での価値共有、校舎の持続的活用を目指して活動している。

図1　明石小学校旧校舎(2010年解体)

れたが、「復興小学校」という言葉がマスコミに使われ出したのは、明石小の保存を訴えた時からである。

明石小を通して得た知識と経験を、残っている戦前期RC造小学校校舎の持続的活用につなげようと、2011年より研究会の活動を始めた。現存する校舎の現況調査と関連資料の収集・整理を行い、その価値を市民、行政、建築専門家と共有するために、書籍や資料集を作成し、シンポジウム開催などの普及・広報活動や、関係者への説明・提案を行っている。2011〜2013年度には東京建築士会より地域貢献活動助成を受けることができた。

2011年4月、専門誌に「特集：復興小学校の建築─学び舎の継承を考える」注1をまとめ、2013年10月にはシンポジウム「戦前期RC造小学校校舎─魅力とその継承を語る」を開催した。2014年には現存校について現況写真と東京都公文書館のマイクロフィルムから探した設計図を集成した資料集『図面で見る復興小学校─現存する戦前につくられた東京市の鉄筋コンクリート造小学校』注2をまとめて、現存校を持つ各区や各校関係者、図書館、建築専門家などに配布し普及を図った。

注1 『季刊 建築施工単価』2011年春号特集記事

注2 公益財団法人建築技術教育普及センター 2013年度普及事業助成を受けて作成した。

## 復興小学校を通して都市の変化をとらえる

東京市の戦前期RC造小学校校舎は、設計組織を整備し共通の設計規格をつくって設計されている一方で、校舎ごとに異な

表1 戦前期RC造小学校校舎の残存状況（2015年末）

| 復興小学校：14校舎 | 小学校利用：7校<br>　千代田区　九段小（旧上六小）<br>　中央区　　常盤小、阪本小、泰明小、城東小（旧京橋昭和小）<br>　台東区　　黒門小、東浅草小（旧待乳山小） |
|---|---|
| | 転用や暫定利用：7校<br>　中央区　　旧十思小、旧箱崎小、旧京華小<br>　文京区　　旧元町小<br>　台東区　　旧下谷小、旧柳北小、旧小島小 |
| 復興小学校以外の戦前期RC造小学校：14校舎 | 小学校利用：10校<br>　港区　　　高輪台小<br>　新宿区　　早稲田小、津久戸小、江戸川小<br>　文京区　　明化小、小日向台町小、千駄木小、誠之小<br>　墨田区　　言問小<br>　渋谷区　　広尾小（竣工時には東京市外で設計は東京府） |
| | 転用や暫定利用：4校<br>　千代田区　旧永田町小<br>　新宿区　　旧四谷第四小、旧四谷第五小<br>　台東区　　旧坂本小（旧入谷小） |

る意欲的な詳細デザインが見られる。一連の建築群として見ると、時代の精神を体現していることがいっそう伝わる。東京中心部に数多く分布し、私たちの調査では建設数は170校と見られるが、残念ながら現在では30校弱しか残っていない（表1）。しかし、この程度の数であれば、各校の特徴と戦前〜戦後の経緯を理解し、現況をフォローできる。東京に活動拠点を置く建築士だからこそできる活動である。

震災復興期の東京市は、今では東京の中心部と言えるような範囲である。そのため、校舎をめぐって現在の東京中心部の問題があらわになることがある。最近では、東京駅前に立地する復興小学校である中央区立城東（旧京橋昭和）小が、周辺街区も含めた再開発によって超高層ビルに組み込まれた校舎に建て替わることが発表されている。

戦前期RC造小学校校舎は、日当たりや通風を重視して、奥行きの薄い建物が校庭を取り囲む配置が特徴であるが、建て替わると床面積がはるかに大きな建築になる傾向があり、必然的に大きな箱のようになる。中庭的な校庭は都市の貴重なオープンスペースであるが、その喪失はまちに大きな影響を及ぼす。

私たちの活動は、これらの復興小学校の校舎を通して東京都心を定点観測している側面がある。

## 地域の要となる公共建築のゆくえに関わる

2010年以降で見ても復興小学校校舎は、明石小、中央小（旧鉄砲州小）、明正小がそれぞれ倍以上の床面積の小学校として建て替えられ、旧福井中（旧福井小）はオフィスビルを核とした複合施設に建て替わり、旧都立港工業高校（旧愛宕高等小）は解体後、駐車場となっている。十思スクエア（旧十思小）では屋内体操場（体育館）が解体され特別養護老人ホームが建っている。復興小学校以外では、文京六中（旧追分小・旧本郷高等小注3）は中学校、旧文京五中（旧黒田小）は福祉施設として建て替えられた。

注3 旧追分小・旧本郷高等小は2校が併置されていた。

公立の小学校は地域に密着した公共施設で、関係する人々の思いが交錯し、税金の使い方としても注目される。都市景観としても日常風景の要となり、記憶のよりどころとなる建築である。こうした校舎を建て替えるかどうかは、多様な側面から十分に議論されるべきである。

小学校として使われ続ける場合、建て替えの検討に区（教育

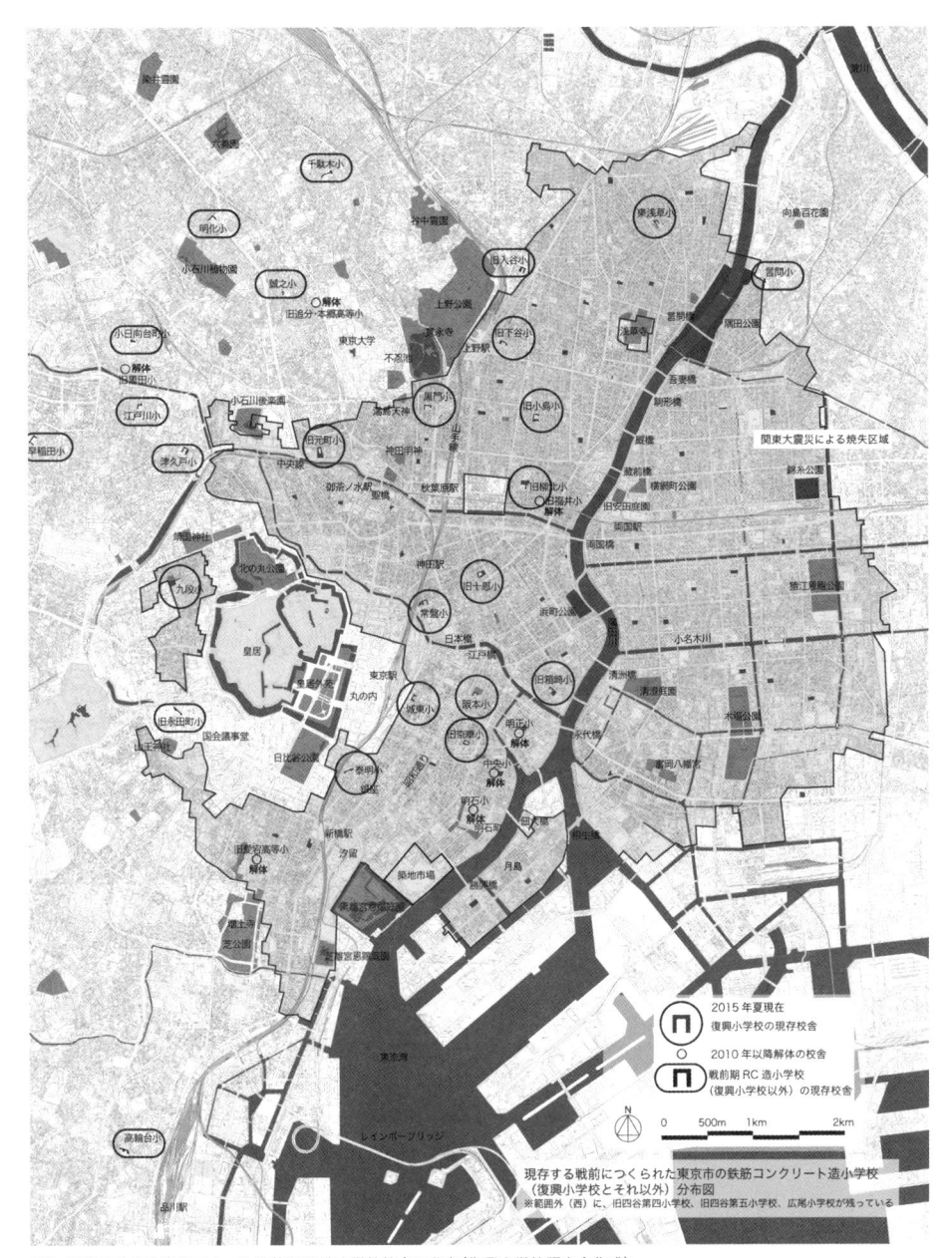

| 149 | 調査と提言を通して、歴史的建造物の価値を地域と共有する | 復興小学校研究会

図2　現存する東京市のつくった戦前期RC造小学校校舎の分布（復興小学校研究会作成）

委員会、営繕課)、学校、PTA、同窓会、学区内の町会といった学校関係者による協議会が開かれ、そこで方針が決定する。この協議会を傍聴し、いろいろなルートをたどって関係者に会い、校舎の価値を伝えていく。地域で活動している建築士のグループや、日本建築学会、日本建築家協会などの専門家と協力しながら活動することもある。そういった働きかけを試みる中で、千代田区では九段(旧上六(かみろく)）小(図3)の改築にあたり校舎の3分の1が保存改修されることとなった。文京区では誠之(せいし)小の改築が決まったが、明化(めいか)小では改築・改修両面の検討が継続されている。協議会の議論では、しばしば戦前期RC造小学校の普通教室床面積が

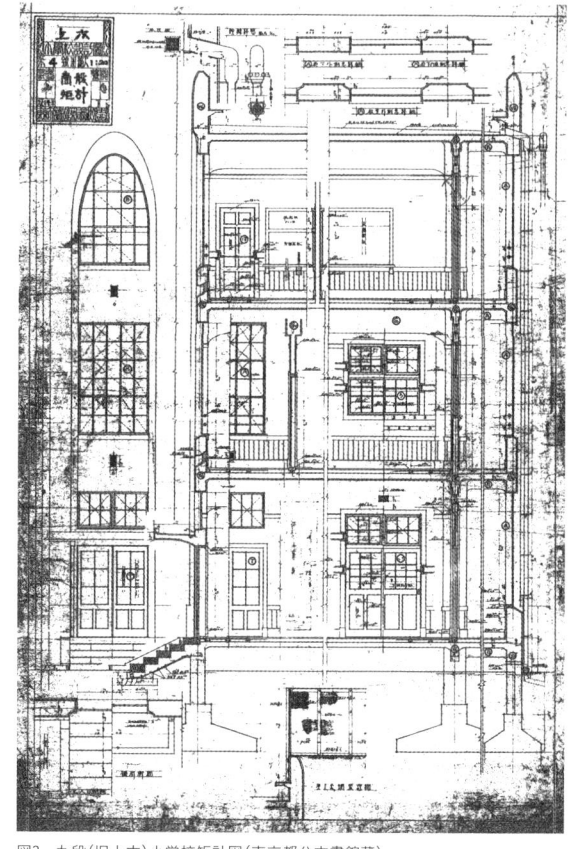

図3　九段(旧上六)小学校矩計図(東京都公文書館蔵)

59m²と狭いことが問題のひとつとされるが、校舎を保存再生しつつ今後の教育にあわせて使う提案はさまざまに可能だと私たちは考えている。

　一方、学校として使わなくなった校舎に関しては、公開された議論もなく解体されてしまうこともある。しかし、地元の住民や卒業生の声によって新たな活用の道が開ける場合もあるので、やはり地元との関わりが重要である。地元関係者と知識を共有して、連携を図ることができるかが鍵であると思っている。

対話―復興小学校研究会　×吉良森子・中村勉
# 建築的価値を明らかにし、市民や所有者との共感を広げていく

今、近代公共建築の多くが存続の危機に瀕している。いまだ一般にその価値が定着しておらず、また公共建築であるがゆえに構造上・機能上の問題が起こりやすいからだろう。しかし、復興小学校研究会の地道で着実な活動により、復興小学校の建築的な価値と、それが育む教育環境と都市環境の価値が、多くの人に染み込んでいっている。日本でも、建築の価値は共有することができるのだ。

## ■自分たちの専門性を意識して社会から見えるようにする

**吉良**　明石小学校の保存運動を起こしながらも解体されることになってしまった。そこからなんとか復興小学校を残そうと、復興小学校の資料を集め、価値を広める活動を進められ、九段小学校ではとうとう部分的に残すことに成功しました。復興小学校研究会の活動は今、次の段階に来ているのではないかと感じました。

**中村**　「これからの建築士賞」の審査の時には、復興小学校研究会の活動は、復興小学校の保存は難しいからと、とにかく学術的な記録を残そうとしている歴史研究の活動なのではないか、それだけではこれからの建築士という評価にはつながらないのではないかという意見もありました。今後どのような展開をしていったらよいのか、またこのグループを超えて活動が広がる可能性はあるのか、皆さんの考えを聞かせてください。

**金山**　復興小学校研究会は各種の助成金により活動を支えていただいていて、将来的にも何らかの収益事業でまかなっていくような形にはなりにくい。でも、もう少し世の中が違う方向に向いてくると、建築士がリサーチをする仕事が出てくるはずで、そこから外につながっていけるのではと思っています。

**日色**　復興小学校の将来を検討しようという時に、僕たちのようにその建築について詳しい建築士が呼ばれて、意見を求められ、それに対価も支払われる、そういう仕組みができてもよいと思います。

**吉良**　皆さん復興小学校の専門家で、これだけ知識も持っているのだから、それを利用しない手はないだろうと自治体や学校の方が思い始めるようになるということですね。

**大橋**　明石小の保存運動を通して復興小学校の存在が社会に認められたことは大きいと思います。最初の頃は、何を言っても一個人が言っているだけと思われたし、それまでは行政の方たちもあまり復興小学校について知らなかったのが、今では協議資料の中に必ず「復興小」と書かれるというのは研究会活動の成果だと思いますね。新聞にも頻繁に復興小学校を取り上げてもらいました。私たちは最初は会として活動していたわけではなかったのだけれど、特集記事を執筆した時に、名前をつけたんです。その結果、建築学会や土木学会の震災復興に関する研究会に呼ばれたり、意見を聞きたいと声をかけられるようになりました。やっぱり実績は大事。これまでやってきたことが培われてきたかな、と思います。

**吉良**　設計事務所の仕事はこれまではプロジェクトありきで、設計をして、できあがるまでやるのが仕事だったわけですが、「これから」

の職能として、自分たちの知識や専門性がどこにあって、何の役に立って、それをどう社会から見えるようにしていくのか、というところからデザインしていくことが求められるようになっていると思います。「復興小学校研究会」も自分たちの仕組みに名前をつけ、実績を積み上げ、地位をつくってきた。これも広義の設計ですよね。これまで建築士はそういう意識は低かったと思います。

■ **これからのストック社会に向けて、建物を残すための道筋をつくる**

**中村** これからのストック社会で古いものの良さをどうやって活かしながらこれからにつなげていくか提案するのは、ヘリテージマネージャーだけの仕事ではないと思うんだよね。あなたたちのようなグループはインスペクション（診断・調査）の方法など新しい方法論を提供することに長けていると思うんです。そういう意味では学校だけじゃなくて、これからのストック社会のあり方に対する、専門活動と考えてもいいのかもしれない。

**金山** 公共建築であるがゆえのいろんな手続きの面倒くささを考えると、校舎を所有している行政サイドで復興小学校を壊したいと言ってくる人たちのメンタリティも、実は分からなくもない。リノベーションをやると必ず設計変更があるから、それに付随する諸々を考えると、手慣れている新築の方が簡単に思えてしまうんでしょうね。

**中村** だからこそ、そこに新しい道筋をつくっていくことですよね。要するに古いものをどうするかノウハウがないわけですよ。ないから、それをどうやったらいいか分からない。自分で初めて考えなくてはいけないから面倒くさい。これからは建築を残すための新しい道筋をつくっていかなければなりません。ヨ

復興小学校研究会（左から、金山眞人さん、日色真帆さん、多羅尾直子さん、大橋智子さん）

ーロッパでは残すことは当たり前じゃないですか。

**吉良**　住んでいる人や使っている人が残した方がいい、それが当たり前だと思っているから、ヨーロッパでは残っていくのだと思います。逆に言うと今、少しずつでも復興小学校を残していくことは、残した方がいいという世代を育てるということにつながっていますよね。最終的に現存するうちの5割とか7割の復興小学校が残って、次の世代につながっていって、そこで勉強した人たちが「建築は大切だ」と思ってくれるようになることが、時間はかかるけれどストック社会として建物を保存することを一般化させるためのひとつの道筋づくりなのかもしれないですね。たいへんな苦労をされて、復興小学校を完全にリスト化したことは大きいですよね。残すための道筋をこれまで模索してきた結果、この小学校たちの将来がどのような可能性を持っているのか、どういう仕組みなら残る、あるいは残らないというのが皆さんは分かってきている。

**多羅尾**　審査の際、復興小学校の記録だけでも残そうというアカデミックな歴史研究ではないかという意見もあったとのことですが、実は資料集作成にはもっと積極的な意図があったのです。資料集を関係者に見てもらえば、復興小学校などの戦前期RC造小学校校舎が群として分かります。その共通の特徴や差異が分かれば、その中の1校であることの価値が伝わると考えました。

**日色**　世の中に建築の価値を伝えるには、まずは本だと。復興小学校と同時期につくられた同潤会アパートについては、いろいろ出版されていますが、復興小学校についての本はとても少なくて、断片的な情報しかなかった。ならば、自分たちでまとめようと思いました。

**金山**　復興小学校の資料集を各方面に寄贈したのですが、それ以来、話が割とスムーズに伝わるようになりました。校長先生とか副校長先生が変わってしまっても、復興小学校研究会からこういう本を以前お送りしていますよ、とお伝えするとそれなりに効果があったりします。復興小学校が少しずつ認識され始めている。

**大橋**　台東区立黒門（くろもん）小学校の卒業生の方々と関係を持てたのも、明石小学校の保存運動をやったことがきっかけです。「うちも復興小みたいなんだけど」って連絡がきたりとか。目立つことをやれば、それを見てくれる人はいるんですね。

**中村**　建物は社会資本であるということが社会に認められる状態をどうつくるか。地域の人たちが理解し認めてくれた時に、それを社会資本として保存しながら、現代社会の生活のニーズや仕組みと合ったようにつくり直せるノウハウを、今蓄積しないといけないと僕は思うんだよね。建築士はそれができる人だと思われるようになることが、これからのストック社会では重要です。

（2015年11月4日、「タラオ・ヒイロ・アーキテクツ」事務所にて）

北斎通りまちづくりの会

# 震災、戦災で焼失したまちに
# アイデンティティを取り戻す

## 北斎通りまちづくりの会の誕生

　1990年頃から、江戸東京博物館の建設など北斎通りが位置する墨田区の南部地区の核となるまちづくりが始まり、1994年に亀沢1〜4丁目の地区計画が施行された。また、葛飾北斎の生誕地であることから名づけられた「北斎通り」にクスノキが街路樹として植えられ、電線の地中化などハードの整備が行われた。

　このまちづくりは行政主体で進められてきたが、次第に自主活動への移行が図られた。自主活動の基盤をつくるために、活動目的や会則などを少しずつ整備していった「北斎通りまちづくりの会」は、2005年に墨田区まちづくり条例により地区まちづくり団体として認定され、北斎祭りの開催などの活動を開始した。

## まちづくりの手がかりが見えないまち

　明治時代、武士階級は新たな職業への転換に迫られ、西洋に学んだ鉄鋼やメリヤスなどの加工工場が北斎通りの武家屋敷跡地にも移転してきた。江戸時代につくられた南割下水は関東大震災後の1930年に埋められ、戦後には広幅員となった道路に大型トラックが二重三重に駐車する工場地帯となった。直交する路地には商店や食堂が立ち並び、まちには活気があった。しかし、簡易な工場の建物や木造住宅は火災等の危険性が高く、騒音や排気ガスによ

**北斎通りまちづくりの会**
　墨田区亀沢を活動範囲とし、北斎通りを中心とした景観まちづくりについて地域住民自らが考え、行動する団体。住民同士の連携を深め、誇りと愛着を持てるまちにすることを目的として2005年に設立した。メンバーは会長の小林俊介をはじめ、村上美奈子、岸成行、堀川顕彦、富岡達郎ほか20名ほどで構成されている。

図1　緑豊かな北斎通り。奥に江戸東京博物館が見える

図2　1967(昭和42)年頃の北斎通り

図3　1910(明治43)年頃の北斎通り

る公害や、低地のための浸水被害なども起こりやすいまちであった。その対策として、工場団地への移転や不燃化の促進など、公害対策と防災まちづくりが最優先で進められた。

また、関東大震災と戦災で2度焼失したまちには景観という観点でまちづくりを進める手がかりはなく、共通の価値観を醸成していくことが課題だった。

## 「建替えの心得と暮らしの作法」の作成

2004年、国は景観法をつくり、自治体による景観行政の推進を可能にした。自然環境や歴史的地区の景観には、日本独自の美を感じることができる。しかし、新しい都会は何を手がかりに景観をつくっていくことができるのか。景観基本計画のようなものは大枠の景観把握に終わることが多く、特に東京では地域の景観づくりへの具体性が見出せない。行政は、著しく問題であるものを避けるネガティブチェックに終始している。墨田区全体から考える景観と地域でのひとつひとつの建設行為をつなげるには乖離が大きすぎた。

地域のアイデンティティを明らかにし、さらにそれを育てるためには、このまちの歩んできた歴史や人々の思いを掘り起こし、顕在化して伝える手段を確立する必要があった。

一方で、地区計画による容積の割り増しもあってマンションの建設が進み、人口が倍増する町会も出てきた。しかし新住民は町会に加入せず、まちの行事にも参加せず、半分の住民の町会費でまちを運営するという危機的状況が生じていた。このまちのすばらしさをさらに醸成するベクトルを示さないと、この地区のまちづくり活動はやがて消えていく運命にあると感じられた。

そこで私たちは、地域の図書館で、江戸から近代、現代までの歴史を掘り起こし、ものづくりに携わってきた人にヒアリングをし、文献を調べた。そして地域でそれを公開し、感想を聞き、思いを確かめた。それは膨大な分量になり、2度の大火災にも燃えなかったものが明らかになった。大きな遺産である街路空間の特徴、育まれた下町の気風、牛嶋神社[注1]の祭礼、地域のつながり、それらを見える化し、まちづくりの基本を支えるものとして手軽に読めるようにしたのが、冊子「建替えの心得と暮らしの作法」である。そして、景観のあり方から具体的な建替えのルールまで議論を重ね、その結果を区に提案した。それは、冊子「亀沢地区の景観の考え方」に集約された。

注1 牛嶋神社：隅田川の東岸にある神社。亀沢の各町会を含む、墨田区南部の50余りの町会が氏子となる。江戸時代から本所総鎮守として崇敬を集めており、毎年9月中旬に祭礼が行われる。

「建替えの心得と暮らしの作法」と「亀沢地区の景観の考え方」があることで、外部の事業者にも地域のアイデンティティを理解してもらえる。また、後述の「亀沢地区建替え調整協議会」では「景観の考え方」に基づいてきめ細かな協議を行うことができ、事業者も協力的な思考になっていく。この状況を踏まえ、区は「墨田区景観計画」を修正し、亀沢地区を「景観重点整備地区」に位置づけ、地域特性を育てる道筋を整える準備を始めた。地域のアイデンティティは、育てていくことができるのだ。

## 建替え調整協議会の設立と見えてきた成果

　墨田区では、まちの変化を見据え、開発指導要綱に加えて2008年に集合住宅条例を制定した。ある規模以上のマンションや事務所ビル等を建設する際に、事業者(建築主)は地域団体へ計画の事前説明を義務づけられる。これまでは各町会長が個別に対応していたが、専門的な内容への対応は無理がある。町会加入や地域コミュニティへの参加に消極的な事業者も多く、新しい住民の多くは地域に無関心であった。そこで、事前説明の受け皿となる「亀沢地区建替え調整協議会」を北斎通りまちづくりの会に設立した。準備会の時期を含め、発足して3年が経つ2015年10月現在、すでに23件の計画について協議を行った(図4)。

　協議会を重ねる中で私たちも協議の進め方を学んだ。一方的に説明を受けるだけではない。また、要望を押しつけるのもよくない。地域の歴史、暮らし、景観をともに理解し、課題を共有することが協議のスタートになる。景観を深く広く捉え、防災や地域コミュニティの再構築まで話は及ぶ。日本の都市社会が

図4　建替え調整協議済み計画のプロット図

抱える共通の問題に対する「亀沢モデル」が少しばかり見えてくるかもしれない。

牛嶋神社の祭礼で「神輿鉢合わせ」の舞台となる大通りの交差点がある（図5）。そこにマンションが計画された。交差点に面してマンションの駐車場ができるという。年に一度の祭りの晴れ舞台に面し、町会の表玄関でもある交差点の意味についてみんなで考えた。そこは毎朝、大勢の集団登校の小学生が渡る交差点である。当然、交通安全も考慮して議論を重ねた。

図5 「神輿鉢合わせ」のためのサークルが描かれている交差点。奥が協議によって計画変更したマンション（工事中）

そして、マンションの駐車場の計画は植込みに替わった（図6）。もうすぐ建物と植込みが完成する。これは、私たちにとっては協議会の成果であり、事業者にとっても地域貢献の実績につながるはずだ。

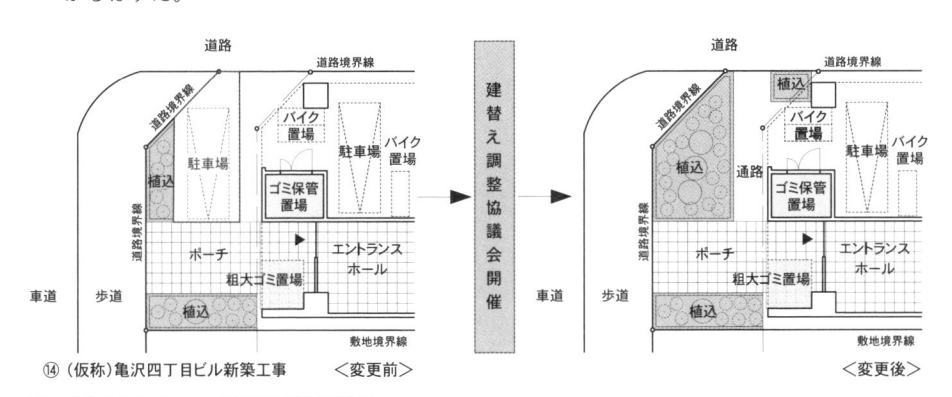

⑭ （仮称）亀沢四丁目ビル新築工事　＜変更前＞　＜変更後＞

図6　交差点のマンションの計画変更前後の平面図

## まちづくりの目玉になる二つの建築

2009年、北斎通りまちづくりの会にとって大きな転機が訪れた。建築家の妹島和世さんが「すみだ北斎美術館」[注2]の設計者に選ばれたのだ。しかし、2011年3月11日、東日本大震災が発生し、亀沢地区でも多くの建物が被害を受けた。私たちが待ち望む「すみだ北斎美術館」の工事も延期になった。

北斎通りに面して、美術館建設予定地の先にある築40年以上のヨシダ印刷の社屋も大きな被害を受けた。まちづくりの会のメンバーでもあるヨシダ印刷の社員が、ある日つぶやいた。「うちのビルも建替えることになりました。美術館も延期にな

注2　すみだ北斎美術館：葛飾北斎生誕の地である墨田区亀沢の北斎通りに面して、かつての津軽上屋敷跡地の緑町公園に計画された。2009年に設計プロポーザルにより、妹島和世氏が設計者に選定された。東日本大震災の影響で着工が遅れたが、2016年11月にオープンの予定である。

ったし、妹島さんに頼んで表側だけでもかっこよくデザインしてくれると嬉しいけど」。そんな言葉が、みんなを前に向かせた。そして新社屋設計のすべてを妹島さんに託すことになった。

　ヨシダ印刷社屋の建替えもまちづくりの目玉になる。時を同じくして、「亀沢地区建替え調整協議会」の準備会もスタートし、この建替え工事が協議物件第1号となった。そして2014年5月、ヨシダ印刷東京本社社屋が竣工した（図7）。斬新な外部デザインであるが、内部には地域に開放するスペースもレイアウトされた。百数十名もの地域住民が集まり、妹島さんの講演会をそこで開催した。協議会の意義をさりげなくアピールしながら、建築とまち並みについて大いに語っていただく。「北斎通りはゆったりとして伸びやかな印象を受ける。そんな北斎通りに面して建築と建築をやわらかくつないでいきます」。わかりやすい妹島さんの言葉は地域住民の心をつかんだようだ。

## 景観まちづくりが地域の住民を「つなぐ」

　新しいマンションの建設が数多く進んで新住民が増えると、町会中心の下町コミュニティ意識は低下し、自ずと地域への関心も薄くなる。「亀沢地区建替え調整協議会」ではマンションを計画する事業者へ、入居者の町会加入と地域コミュニティへの参加を促す。景観まちづくりをコミュニティの再構築につなげるのだ。このような時にはいつも亀沢地区の4人の町会長は固いスクラムを組む。

　初めは入居者の町会加入について私たちと行き違いのあったマンションが、協議会をきっかけに墨田区防災認定マンションの認定第1号となった。区と防災協定を結び、町会の防災訓練にも参加している。もちろん全戸住民が町会に加入し、祭礼はじめ地域の行事に参加する。協議会の活動から地域への関心が高まり、防災、防犯、清掃、子育て、福祉にまで地域住民の意識がつながっていくようだ。景観まちづくりは、今見える風景をどう整えるかという狭い目的に留まらず、もっと深く掘り下げ、拡げることで、手段として地域の住民を「つなぐ」ことができるのだ。

　2016年には「すみだ北斎美術館」が開館する。海外を含め多くの観光客の来訪が予測される。行政は「観光都市すみだ」を謳うが、我々は足元をしっかり見つめたい。地域の成熟した暮らしがあって、そのお裾分けができるぐらいで良いのであろう。美術館オープンを見届けたあとのまちづくり活動を一歩前進させ、さらに厚みと奥行きと継続性のある活動につなげたい。

| 159 | 震災、戦災で焼失したまちにアイデンティティを取り戻す | 北斎通りまちづくりの会

図7　ヨシダ印刷新社屋(2014年竣工、設計：妹島和世)

図8　すみだ北斎美術館外観イメージ図(2016年竣工予定、設計：妹島和世)(提供：墨田区)

## 対話―北斎通りまちづくりの会　×倉方俊輔・佐々木龍郎
# 景観と防災を軸に、住民側にまちづくりの主体をつくる

有名な建築家の作品があっても、周りの「普通の建築」のあり方で、まちの姿は良くも悪くもなる。経済の論理でどんどんと新しいマンションが建ち始め、コミュニティの危機に陥った下町を何とかしようと立ち上がった「北斎通りまちづくりの会」は、景観や防災を「手段」に粘り強くまちの「普通の建築」の価値を高めながら、核となる建築をうまく地域に位置づけ、少しずつまちを変えている。

### ■景観の共有意識を高める、町会を超えた枠組み

**倉方**　今までの町会ではなく、「北斎通りまちづくりの会」という地区まちづくり団体を立ち上げたのはなぜですか。

**小林**　北斎通りの整備を契機に行政による地域活性化のまちづくりが始まり、以前はその受け皿として、鉄鋼業者・住民・町会が参加する組織「北斎通り旗揚げ委員会」があったんです。

**村上**　そこから、さらに亀沢の地域住民が主体的にまちづくりに取り組むために、四つの町会に共通する組織をつくって、広い視野で進めるべきだということになり、町会長ではない小林さんが会長になって「北斎通りまちづくりの会」が誕生したんです。その手伝いのため、私は専門家派遣制度によってこの地区に入り、会は墨田区まちづくり条例による地区まちづくり団体として認定を受けることができました。

**岸**　今までの町会を軸とした下町コミュニティが少しずつ薄まり、何とかしなくてはという思いもありました。やがて行政が、事業者によるマンション計画の地域団体への説明という仕組みをつくったんです。それが「北斎通りまちづくりの会」に建替え調整協議会を発足させるきっかけになりました。ただ、まちづくりを進めるにあたって「景観」といっても住民にはなじみのない言葉でしたから、その意識を共有していくことが第一歩でした。

**村上**　そこで、見えていなかったけれど生きている伝統を見えるものにする作業を、この会の会員で私の調査を手伝ってくれている堀川顕彦さんと一緒に行いました。地域の図書館で調べ、関係者へのヒアリングを行うことで、基本的な都市空間が江戸時代のまちづくりで整備されたことや、地域のものづくりが江戸時代から脈々と受け継がれてきたことなどを明らかにし、地域の人たちに伝えました。地域のアイデンティティの基礎づくりをしたんです。

**倉方**　今までの町会というまとまりがなくなったわけではないけれども、それだけに頼っている時代ではなくなった。その上で景観というものを、ソフトも含めて持続させていくためには、町会を超えた枠組みをつくる必要があるという認識がまずあったんですね。ところが景観といっても、よりどころになる自明な景観というものが実はない。だからこそ、過去の地域性から学びながら、景観を共有する意識を高めていこうというのが、会の活動の第一段階だったということですね。

### ■「景観」や「防災」を手がかりにしたコミュニティづくり

**倉方**　景観まちづくりは、住民には分かりにくい。一方で防災まちづくりは住民にとって

リアリティがあったそうですね。

**村上** 墨田区は防災には長らく取り組んでいて、国より先にいろいろな防災事業をやった区でもあるんです。このあたりは全域が防火地域に指定されているんですよ。30～40年前には防災上すごく危険だったのですが、今では安全な地区になりました。道路も広いし、不燃化率は70％を超えています。だから逆に、区としては安全な地域になっているから、あまり防災を直接の課題にしてほしくはなかったはずです。だけどこの地域の人は違うんですね。実際に戦災の時に町会の人たちを亡くしていたり、避難の指令が間違っていたりとか…。防災への思いがみんなの心の中にあるんですよ。

**倉方** なるほど。そうした歴史から共有されてきた防災意識が住民にある。ただ数字として不燃化率が何％とかではなくて、とにかくここの人はそれくらい災害を恐れているということが地域の伝統としてあって、新しい人もそこにコミットすると急にコミュニティの距離が縮まるということを再発見したんですね。

**岸** 防災意識は新しい人でも割と高いんです。墨田区が、マンション事業者と協定を結んで、「このマンションは墨田区防災認定を受けたマンションです」というお墨付きを出すシステムを最近始めました。たまたまその認定を受けたマンションの第1号が、我々の建替え調整協議会を経てできあがった。そこの住民の方は、この間の防災訓練に8人くらい出てきてくれました。景観だけではなくて、防災もひとつのコミュニティをつくるんですね。

**村上** そのマンション事業者も、最初に協議した時はこっちから話すことをまったく受け止めていただけなかったんです。「会社の方針はこうです」と言うばかりで…。最初は町会費も集めないとさえ言っていました。

**岸** ところが、そのマンションは「防災認定」を謳い文句にしていたんです。防災認定の中には、町会に入り、町会が主催する防災訓練に参加することが義務づけられています。それを我々は逆手にとって、町会とタッグを組んで、町会に入ってコミュニティに参加しないとだめだという話をしました。それで、全居住者が町会に入ってくれました。

**倉方** 言い方が少し乱暴かもしれませんが、景観や防災が手段なんですね。つまり、コミュニティが目的である。景観という言葉を使うと、ともするとルールに従って整えることが終着点になってしまう。あるいは防災だけが目的になって、不燃化率を上げれば良しとしてしまう。そうではなくて、景観のことも分かるし防災のことを頼まれたりもするということから新しいコミュニティの形をつくっていこうという動きは、建築士ならではだと感じます。

## ■住民をまちづくりの主体へ

**村上** 北斎美術館のコンペがあった後、実は景観のことも含めて行政から地域に説明がなかったんです。行政がやらないなら、と私たちが妹島和世さんを呼んでシンポジウムや講演会を企画しました。ヨシダ印刷の方は、そのとき妹島さんに出会ったのがきっかけで、震災で傷んだ本社の設計をお願いできたんです。

**岸** 地震の後のなんとなく重たい空気の中で、美術館より先にヨシダ印刷の本社をつくってもらえれば、地域の人にも「これなら美術館も期待できるね」と思ってもらえるかもしれない。この前、竣工した建物の見学会を兼ねて妹島さんに講演してもらったら、地域の方が120～130人来てくれました。妹島さんは、「まちの建物を柔らかくつなぐ」ということを通して、まちづくりについて分かりやすく話してくれました。講演を聞いた住民の方も「ああそう

か」と分かった様子で、それでまた美術館に対する皆さんの気持ちが前向きになった感じがしますね。やはり地域の人たちの普段の日常会話の中で「景観」という言葉が出るくらいにならないといけないと思います。

**倉方** まちづくりの会で行われていることは、住民の側に主体をつくるということですよね。たとえばデベロッパーや区に対して、ひとつの意識を持った、ちゃんと話し合いができるような主体をつくっていく。その主体をつくるのに、ひとつは伝統的な町会というものの意味が大きくて、そこでのつながり方を活かしながらやっている。その点はアドバンテージがある地域なので、かなりうまく使っていると思います。もうひとつは建築士として、防災の法律や景観の条例のこと、あるいは妹島さんのような建築家がつくるとどういう効果があるかということも、なかなか建築の専門家でないと分からないことです。専門家でないとできないルートを使ってこちら側に主体をつくり、その中で具体的に話の土台をつくる。そこに、建築士としての多方面の知見が入って動いていることが、とても現代的だなと思いました。

**村上** そうですね。建築士の職能を活かしたひとつのあり方ですね。

**倉方** 岸さんはこの活動をボランティアでされているのでしょうか。

**岸** そうです。でもお金を直接もらわなくても、いろいろ学べますし、いろんな人のつながりはできる。それらが他の仕事にも派生してくればいいと思います。また、地域の方にしてみれば、地域のことを考えるのになぜお金を払わないといけないのか、という意識もやっぱりあるんですよね。それをどうやって具体的なフィーに変えるかはなかなか難しいですね。

**村上** でも、次の段階としては、岸さんに設計を頼もうっていう人も出てくると思いますよ。私もまちづくりを長くやっていますけど、やはり最後はそのまちで建築の設計をしていますね。

**倉方** そうでしょうね。この活動は、村上さんにはどういう利益があるのでしょうか。

**村上** 当初は、区の依頼で派遣されるまちづくり専門家としてこの地域に入りましたが、年間の派遣回数は少なく、大部分はボランティアでした。最近では地区計画の変更や、亀沢の景観まちづくりに関わる委託を区から受けているし、墨田区景観アドバイザーでもあるので、フィーをきちんといただいています。フィーをもらう仕事をするようになってきたので、まちづくり専門家の仕事は3年前から富岡さんにバトンタッチしました。

**倉方** これからも続けていくために、うまく継承することが大事ですね。

**富岡** 地域の普通の建築の価値を上げていくのは、やはりローカルアーキテクトであるべきだと思っていますが、なかなか継承が難しい。なんとかうまくやりたいと思っています。

## ■建築士の職能を武器に

**倉方** とにかく協議会の場にちゃんと話せる主体が存在しているという状態に持っていったのが一番の成果ですよね。デベロッパー、再開発、条例といった一律の観念で降ってくるようなものに対して、地域の側がきちんと同じ土俵に立てるような下絵をつくらないといけない。皆さんはその時に、専門知の力をうまく使っています。歴史のことも、建築のことも、相手はそういう知識を持っていないので、かなりこちらが有利になりますよね。知の力で民衆の側をちゃんと主体にするということをされているんですね。

**村上** そうなんです。私と堀川さんはまち

の建物調査をしていますが、そうすると新しいマンションの色のこととか、データをもとに言えるんです。
**倉方**　相手はそういう武器を持っていないですからね。
**小林**　もうひとつ、行政は縦割りで横のつながりがまったくない。それをひとつひとつつないでいく仕事は、やはりすごく大事かなと思っています。
**倉方**　確かにそれは、こちら側がつないでいかないといけないものですよね。
**小林**　区長が替わったので、またゼロからスタートだったのですが、新しい区長にレクチャーをして、これまでの流れをきちんと説明しました。その結果、今回の北斎美術館の地元懇談会に区長が出てくれることになりました。
**倉方**　ここに持続した知と蓄積があるからこそ、新しい区長には、こちらが教える立場になれる。逆にそれがあるから相手もこちらに知恵を求めてくるわけですね。それは良い協働の仕方だと思います。
**富岡**　美術館だけを目的にしているわけではないですけど、美術館ができるのはすごく大事なことだと思います。やはりひとつの目的がないとまちもまとまらない。どういうまちになったらいいのかが分からないから、マンションにどんどん変わってしまうんですね。
**岸**　これから美術館ができあがってまちが変わると、いろんな人が来るわけです。区は観光、観光って大喜びかもしれないけど、我々はまた違ったつなぎ方をしなければいけない。住んでいる人と外から来る人、商売をやっている人と住んでいる人…、いろいろなところをつなぐ必要があります。住んでいる人たちの暮らしがまずあって、そのお裾分けくらいの感覚

北斎通りまちづくりの会（左から、富岡達郎さん、村上美奈子さん、岸成行さん、小林俊介さん）

で観光を考えていかないと難しいと思うので、美術館ができあがった後どうやっていくか、しっかり見据えていきたいと思っています。
**倉方**　このエリアの場所性を体現しているから、あそこに美術館をつくりたいのであって、単に人が来る美術館をつくるハコモノの発想ではまったくない。地域のアイデンティティと、あの場所に北斎美術館ができることが密接に関係しているからこそ、非常に熱意のある言葉が出てくるわけですね。
**岸**　たとえばこの間も、「なんとか錦糸町」っていう名前のマンションができるというので、事業者に「"錦糸町"なんて名づけたら売れませんよ、"北斎通り"ってつけないと」と言いました。我々としては「北斎」のブランドを少しずつ発信する。それは商業的なことだけではなくて、ここの場所の歴史や文化のアイデンティティを発信するということです。
**倉方**　お互い得する関係ということですね。今日は、まちづくりでの闘い方、調和の仕方を教えていただけました。
**村上**　こういうことが、何も特徴のなさそうな都心部のまちでもできるということを、知ってもらいたいですね。

（2015年10月12日、北斎通りの「東あられ」会議室にて）

## 稲垣道子 [深沢住宅地計画]
# まち並みを継承し、建物や樹木を思いやる一連のプロジェクト

## 活動の原点

　本来、人間より年長で、それでありながら人間より長生きする建物や緑、それらの尊厳が守られてほしい。それらが敬意をもって扱われてほしい。そうでなければ建築士という職能が尊敬されるものにならないだろう。

　場所の文脈だけでなく、時間の文脈を読み解いて、建築に取り組みたい。たとえ文脈が途切れることがあっても、あきらめないで時間をかけて修復していきたい。それが建築の「まちに対する愛情」[注1]の表明であろう。

　これらの思いが一連の活動の原点であった。

## まちの変わり方に対するオルタナティブ

　活動の舞台となった東京都世田谷区深沢の低層住宅地のまちは、活動期間中も今も激しく変化している。ある日突然、建物付きの土地に「売却中」の掲示が出る。じきに、大きい建物であればあるほど中古物件として買い手を見つけにくいのか、「解体工事」の掲示が出て解体が始まる。住宅需要があり、地価が相対的に高い地域では、敷地売却の際、市場性のある売価にするために敷地が細分化され、まだ築十数年に満たない建物でも惜しげもなく解体され、庭木や生垣がすべて伐採されることが多い。

　建物の解体や樹木の伐採は、そこに暮らした人々だけでなく周辺の人々の思い出を消し去り、鳥、虫や小動物の居場所を奪い、環境の激変を招く。コンクリートを破壊するのと同じ重機で、樹木をなぶり殺しにするような光景は、決して見たくないものだが、今では当たり前のようになってしまっている。

　こうしたまちの変わり方に対するオルタナティブとして、この地域のある敷地[注2]に更新計画が生じたとき、四つのプロジェクトを企画し、時間をかけて実現させた。

---

**稲垣道子**
　東京都生まれ。1969年東京大学工学部建築学科卒業。(株)日本設計事務所都市計画部を経て1989年(株)フェリックス設立。都市政策、景観、まちづくり等に携わる。市民活動支援として『街と建物』((財)世田谷区都市整備公社世田谷まちづくりセンター、1999)の企画・編集・執筆や『もめごとのタネはまちづくりのタネ—建築紛争現場からの発言』(もめタネ研究会、2005)の刊行ほかに従事。

注1　都市計画家・石川栄耀(1893-1955)の言葉「社会に対する愛情、これを都市計画という」にならっている。

注2　敷地は、第一種低層住居専用地域(容積率100％、建ぺい率50％)にある。

## 建物の寿命を延ばし、活用し、最後に弔う

　敷地は、1913年に関東で初の郊外分譲住宅地として販売が開始された新町住宅地[注3]の一画にあり、4代にわたって所有されてきた。1907年に開業した玉川電車(渋谷－玉川間、路面電車)の後身である田園都市線桜新町駅(渋谷から四つ目)の南に位置している。

図1　1936年頃の新町住宅地。白い○のあたりが対象敷地

　もともと既存の緑を残した開発だったこともあり、航空写真(図1、1936年頃撮影)に見る新町住宅地は、分譲開始から20年以上を経た時点で、桜並木の緑と庭木の緑の豊かな住宅地だった。

　そのような敷地で、1993年に行った最初のプロジェクト「建物長命化プロジェクト」は、築70年の住宅(図2のA)を減築により使いやすい建物に改修し、引き続き賃貸住宅として活用することを図ったものである。

　住宅Aは、その後10年近く寿命を延ばしたが、ついに集合住宅Dの建設にともなっていずれ解体されることとなった。そこで2001年から二つ目の「空き家活用プロジェクト」が始まった。このプロジェクトは住宅Aを市民活動に提供するもので、NPO法人「せたがや街並保存再生の会」の活動拠点として利用され、同会による住宅Aの実測図の作成と、次の「お葬式」プロジェクトの共催が実現することになった。

注3　新町住宅地については、深沢・桜新町さくらフォーラム『深沢・桜新町100年史 新町住宅地の分譲開始から100年 私たちのまちは、こうして形づくられました 1913〜2013』が筆者も関わり2015年3月に刊行されている(深沢・桜新町さくらフォーラム：http://sakura-forum.jimdo.com/)。

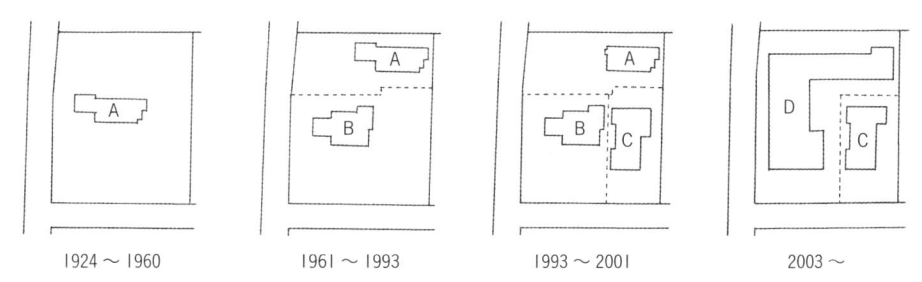

| 1924〜1960 | 1961〜1993 | 1993〜2001 | 2003〜 |

図2　プロジェクト対象敷地(合計約1200m$^2$)の変遷
① 1910年代前半にほぼ倍の面積の土地を取得し、直後に2分割。図1の○内の小さな二つの建物が分割後の2敷地に建つ建物である。そのうちの上側の建物敷地がプロジェクトの対象で、1924年に木造平屋建て住宅Aが建設された。
② 1947〜57年にかけて住宅Aは、何回か増築された。
③ 1960年に住宅Aは北側に曳家され、以後賃貸住宅として利用された。
④ 1961年、木造2階建て住宅Bが建設された。
⑤ 1993年、敷地南東に煉瓦ブロック造3階建て集合住宅Cが建設された。
⑥ 2002年、住宅A、Bは解体され、その敷地に2003年、集合住宅Dが建設された。

図3 木造住宅ウォッチングの会。大正時代の家の屋根や壁、床、天井がどうなっているか見てもらった。木造を知らない若者たちも集まってくれた

図4 コーポラティブ組合員募集の手づくりの案内板

　三つ目の「建物のお葬式」プロジェクトは、2002年、住宅Aを解体する際に行ったものである。一部を手壊しし、若手建築家・学生や近隣住民を対象に住宅内外の構造を公開し、建築士が解説する木造住宅ウォッチングの会を2日間にわたって開催した（図3）。隣の敷地に1961年に建てられ、同時に解体される住宅Bとともに、建物の部材・備品、樹木などを希望者に提供した。参加者は、欄間や桟入りの小窓、建具の凝ったもの、照明器具などを喜んでもらっていってくれた。このようにして、次に継承しながら、長く生きてきた建物を弔ったのである。

## コーポラティブ住宅の建設

　四つ目のプロジェクトは、集合住宅Dを事業者の利潤を排除できるコーポラティブ方式で建設することだった。住宅A、Bの敷地の地主3人の意向を受けて、以下の①〜④に賛同する組合員を募り、コーポラティブ住宅建設組合の1年半にわたる話し合いの上で、建物Dの計画が決められた。
　①既存樹木等の保存継承
　②一度断絶したA、B建物敷地とC建物敷地の一体性の回復（表1）
　③古くからのまち並みの継承（表1）
　④障害者や高齢者にやさしいコミュニティの形成
　コーポラティブ住宅は2003年に完成し、緑を守りつつ、折々に中庭や緑化した屋上で住宅内外の人々が集まって交流している。
　このプロジェクトでは、活動の対象となった敷地で、区画割りとともに、生垣・樹木や木造住宅が生きてきた100年近いまち

表1　コーポラティブ住宅建設時の一体性回復とまち並み継承のポイント

**一体性回復の具体的なポイント**
・外壁の色彩と素材感を揃えた（建物Cの煉瓦ブロックと同じ土によるタイルを特注した。写真1〜3）。
・屋根勾配、軒の出と外壁面の後退距離を建物Cに揃えた（写真1、3）。
・外玄関から建物Dへのアプローチを建物Cとの間に設け、大きな庇をかけて、C、D建物の間を中庭のような空間としてしつらえた。中庭は、格好のコミュニケーションの場となり、折々にパーティーが開かれている（写真2）。

**街並み継承の具体的なポイント**
・戸建住宅地にふさわしい戸建住宅感覚の外玄関を設けた（写真3）。
・1910年代から続く柘植の生垣と赤松などの既存樹木を最大限生かした（写真3、写真4〜6）。

写真1　左奥が建物D、右手前が建物C　　写真2　左が建物C、右が建物D　　写真3　左が建物D、右が建物C

写真4　1910年代後半の様子　　写真5　2000年頃の様子（建物B現存時）　　写真6　現在の様子（建物D建設後）

の歴史の「時」と、集合住宅Cの建設後、コーポラティブ住宅Dの建設により、10年余りの「時」を隔てて、当初の敷地の一体性を回復し、まち並みを修復し継承するという二層の「時」をつないだ。コーポラティブ方式採用によって初めて、住宅A、Bの敷地が集合住宅Cと無関係に、歴史を無視して更新されるのを防ぐことができたのである。

## これからの建築士に

　建築士たちのほんの小さな努力でまちが変わる。目にするほとんどすべての建物に関わるのだから、建築士は、「場所」を利用するだけでなく、「場所」に何を与えられるか、まちにどのように貢献できるかを考え、社会に、クライアントに、提案していってほしいし、私自身もそうしたい。

対話――稲垣道子　×中村勉・佐々木龍郎
# 土地の尊厳を守る一体的なコーディネートで景観を受け継ぐ

大正時代、緑を多く残した開発が行われた新町住宅地。しかし日本では、長い年月の中で培われてきたまちの共通資産である景観を大切にできない社会の仕組みがつくられてきた。稲垣さんはひとつの敷地に対して丁寧な目を向け、土地の分割で崩れてしまわないようなまち並みの継承に取り組んでいる。その視線の先には、人々が景観を大切にするための新しい制度や市場原理の可能性がある。

## ■まちと敷地の歴史

**稲垣**　新町住宅地は、1913年に分譲が開始された、関東では最初の民間開発による郊外住宅地で、山林から住宅地にした最初の事例です。1907年には玉川電車が渋谷と現在の二子玉川の間に開通し、都心建設のための多摩川の砂利や景勝地・多摩川への行楽客を運びました。玉電にはこの分譲地の開発事業者も出資しています。電車とともに電気も引かれて、山林であったこの土地の開発に地主たちも積極的だったようです。新町住宅地の幹線道路にはサクラが植えられ、桜並木が名所として有名になりました。

**中村**　呑川(のみかわ)の親水公園注もきれいですよね。

**稲垣**　分譲開始100年となった2013年に、私も関わる市民団体「深沢・桜新町さくらフォーラム」が100年史のスライド上映会を開催し、翌年度には世田谷区の助成を受けて100年史の冊子を刊行しました。

　プロジェクトの敷地はもともと、私の曽祖母が分譲の当初に買って、かなり早くに700坪を350坪ずつに分けたものです。分けたうちの西側に1924年に建てた住宅A(p.165, 図2)は私が子どもの頃の家で、当初は2部屋ほどの小さな家でしたが、増築や曳家をして住宅の更新をしてきていました。今回のプロジェクト開始段階ではこの敷地には3人の所有者がいたのですが、外国に住むことになった1人の土地を処分することになりました。

**中村**　それはいつ頃ですか。

**稲垣**　2002年です。1993年に南東の建物Cが建てられたときも、なんとか敷地全体を一体で開発できないかと考えましたが、実現できませんでした。その約10年後の2002年に土地の処分と集合住宅の新築の話が出て、それならすでに建っている建物と一体的な雰囲気が出るようにと、私が企画をしてコーポラティブ方式で、可能な限り緑を残す趣旨に賛成する人を募って集合住宅Dを建てたのです。

　時を隔ててまち並みをつなげることの他に、分譲価格をなるべく低く抑えることも課題でした。これには、地価をなるべく低く、延べ面積をなるべく大きくすることで対応しました。

## ■建物に対する礼儀を尽くす

**稲垣**　住宅Aは最終的には解体するに至ったのですが、解体までの間に行ったのが「住宅長命化プロジェクト」です。最初は減築により使いやすくして賃貸住宅として利用しました。その後、解体直前のしばらくの間、「せたがや街並保存再生の会」の人たちが拠点として使い、住宅Aの実測図をつくってくれたりしたのです。住宅長命化プロジェクトの基本的な考え方は、建物や樹木というのは人間よりも長く生きて

いるものだから、その尊厳を大事にしようというものです。いずれ壊すことがやむをえないとしても、それなりの扱い方をするのが建物に対する礼儀ではないかと思います。そういう意味でベストを尽くして使ってもらえるようにしたのです。

いよいよコーポラティブ住宅建設が決まり、壊すことになったときには、建物に対する礼節を尽くして壊すために、「お葬式」と称して住宅A、Bの一部を手壊しし、壊す途中段階では2日間にわたって見学会もやりました。大正末期の建築の瓦や壁、床、天井がどうなっているのかを部分的に開いて見せるのです。専門家にレクチャーもしていただき、伝統的な木造を知らない若い方たちも集まってくれました。見学会だけでなくリサイクルもしようと、好きな物を持っていってもらったら、欄間や桟入りの小窓、建具の凝ったもの、照明器具なども喜んでもらっていってくれました。そういう意味で、建物が次に生きる可能性があるんです。

■環境を守るための税制

**中村** 稲垣さんのように都市の景観やまちづくりなどに関わっている方が、まちに対する建築づくりの提案をされたことが評価されていると思います。昔からあったまちの木を残したいという気持ちで、戸建に切り売りするよりもコーポラティブの集合住宅を選択したことや、敷地からセットバックしたり、節度を守ったつくり方をするなど、旗竿敷地の問題やミニ開発とは違う方法論を考えてみせたというのが重要なポイントだと思います。

**稲垣** 戸建ではなく集合住宅という形を取ったのは、敷地の細分化を防ぎ、かつ緑があるという空間をつくろうとすると、集合住宅にせざるをえないのです。しかも利潤のないシステムというとコーポラティブになるわけです。

1936年頃の新町住宅地の航空写真(p.165、図1)を見ても分かるように、もともと新町住宅地の開発では、緑を残す計画にしていたんです。

**中村** 航空写真を見ると、まるで森のように木立が残っていますね。狭小住宅地が生まれてしまう理由は、相続税にあるといわれています。額が大きすぎて相続税を現金で払えなくなると、庭先から始まって、母屋の敷地まで切り売りされ、まち並みもなくなってしまう。相続税の一番大きな問題は、まち並みが崩れて小さくなってしまう問題です。敷地の中の緑がつくっていた東京の緑の風景が、どんどん崩れていく。相続税と土地の細分化について稲垣さんはどうお考えですか。

**稲垣** 相続税率が低くなれば土地の細分化が防げるわけではありません。たとえば相続で相続人に均等に分ける場合に、土地以外の資産が十分でなければ土地を現金化するしかなく、売らなければならない。その土地をそのまま買える買い手があればいいのですが、土地が高すぎると小さな土地しか買えないことが多いから土地を分割するわけです。そのため税率が低くなっても、現金などの資産と土地代のバランスが変わらない限りはそういう問題は起きるんです。

私自身は、相続税は本来、譲渡して現金化するときまで支払いが猶予されるべきだと主張しているんです。相続人が緑も守って住み継いでいれば直ちに納税しなくてもいいというような制度になってほしいと思います。

もうひとつ、固定資産税にしても、資産が保たれるためにはたとえば植木屋も来ているわけですから、植木代の控除もあってよいのではと思いますね。単に税収を上げる目的だけでなく、都市計画のための、あるいは環境が良くなるための税制というのはどうすべきか、政策

をトータルな観点から考えて誘導できるような税制を構築するべきだと思います。防災面で木は大事だと言いながらどんどん切って、防災と逆行する結果になるような税制は、おかしいと思うのです。もちろん、税制の優遇を受けるなら、それなりの責任を負うことは覚悟しないといけませんが。

■樹木つき不動産市場の可能性

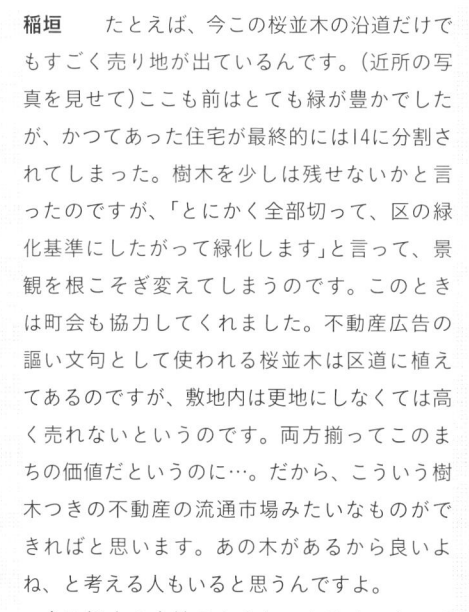

中村勉さん(左)、稲垣道子さん(右)

**稲垣** たとえば、今この桜並木の沿道だけでもすごく売り地が出ているんです。(近所の写真を見せて)ここは前はとても緑が豊かでしたが、かつてあった住宅が最終的には14に分割されてしまった。樹木を少しは残せないかと言ったのですが、「とにかく全部切って、区の緑化基準にしたがって緑化します」と言って、景観を根こそぎ変えてしまうのです。このときは町会も協力してくれました。不動産広告の謳い文句として使われる桜並木は区道に植えてあるのですが、敷地内は更地にしなくては高く売れないというのです。両方揃ってこのまちの価値だというのに…。だから、こういう樹木つきの不動産の流通市場みたいなものができればと思います。あの木があるから良いよね、と考える人もいると思うんですよ。

今は極小の土地のようなハウスメーカーでできない土地にアーキテクトが工夫して住宅をつくっているような状況ですよね。ハウスメーカーの住宅が普遍化して、整形の建物が多いですが、そうすると木は邪魔になるんでしょうね。木は崖と同じで、設計の前提条件と思って工夫して建てるという意識が、住まい手の方にもないのでしょうか。ハウスメーカーでしか住宅が建てられなくなってしまった状況を単に嘆くという簡単な話ではないのですが、土地の尊厳という点では安易な考えですね。

**中村** 緑つきの大きな宅地が残らない状況、それは相続税だけの問題ではなく、市場の問題かもしれませんね。売る方にしてもそれだけの物を一度に買ってくれる人はいないから、半分か3分の1にして売るという。

**稲垣** でも、土地を売る地主にとっても現況を保てるのなら保てた方がいいと思いますし、特に自分が住んできた土地を細分化するのは抵抗があると思います。ただし、敷地規模が大きくてもめいっぱい建てて閉鎖的な建物は、楽しくない。敷地は細分化しても、通る人がこのまちは楽しいという雰囲気を感じられるまちでありたいですよね。ほとんど間口全体がシャッターで閉じられているような住宅でなく、敷地のサイズに応じた心のこもった空間が生み出せればいいと思います。

■まちの共通資産を守り、育てる手法

**中村** 開発をしようとした時に、単に土地を切り売りするのではなく、全体をコーディネートするということは、まちの景観づくりにも通じる大事な仕事なのですね。これからの建築士は敷地をマネジメントする業務に関わる可能性があるということです。そしてそういう

場面で、まちの景観や、緑の重要性をきちんと理解して、コミュニティの共通資産を守り、育てる手法を開発していくことが、非常に重要ではないかと思います。

佐々木　建築士としてそこそこ快適な空間をつくれると判断したからこそ、土地を分割して売るのとは違った結果になったのですよね。コーポラティブはすごく良い方式で、今回の稲垣さんのやり方は本来のコーポラティブらしいと思います。集合住宅Dが竣工してもう10年以上、住人が建物を仲良く使っていることなど、コーポラティブとしての手法が見直されるきっかけになるかもしれませんね。

中村　一番難しいのは、コーポラティブで次世代にどう継続していくか。どこまで次の人が同じように守るべき環境を守って、自分なりの使い方をできるのかが重要ですね。

稲垣　次に受け継がれるよう、管理規約の冒頭にも「緑をできるだけ残し、周辺環境に配慮して建設した」と書いてあります。

■ 10年越しにデザインを揃え、
　まち並みをつなぐ

中村　もうひとつ重要なのは、住宅C、Dの二つの建物が、年代は別でも、同じデザインテイストになっていることですね。敷地の形に合わせて建物をつくりながら、それが隣の家に増殖していくときに、同じデザインシステムでつくることによって、敷地境界は特に変えなくてもあたかも大きな敷地での開発のように見えるという仕掛けです。しかもここの二つの建物の竣工時期の間には、10年という長い時間が経過していて、普通に考えると奇跡的です。だんだん増殖していくことによって、まちの中に環境的につながっていく仕組みをつくっていくのは、これからとても重要なことですね。

稲垣　おっしゃる通りです。この二つの年月の離れた建物を一体的にするために、道路からの壁面後退距離を同じにしました。また、外壁のテクスチャーも煉瓦とタイルの違いはありますが、同じようにしています。庇の出や屋根の勾配を揃えるなど、デザインの共通化も図りました。苦労と工夫は必要でしょうが、やる気を起こせば、このまちでもそういうプロトタイプ化は可能です。たとえばこの地域で最初に緑を残した3階建て集合住宅ができたとき、近所の皆さんはそれで低層集合住宅の良さを知ったのです。そういう例を示すのは良いことです。

中村　そうやってまち並みがつくられていったら、すごく良い道沿いの景観を維持することにつながっていくと思います。

稲垣　私が「これからの建築士賞」で言いたかったことが二つあります。まず、建築士というものは、まちにある建物を樹木も含めて、もう少し大事にできないのだろうかということ。もうひとつは、建築士は竣工後も建物を丁寧に見ていき、10年経った後でも、まち並み景観を修復するような、時間の経過を含めたプロジェクトを起こし、まちをつくっていくという視点で建物に関わってほしいということです。

　やはり、建物というのは消耗品ではない、すばらしいもので、人間よりもはるかに長生きする大事なものなんだと思わないと、建築士は良い仕事ができないだろうと思います。部分的な仕事を受けたとしても、少しその周りとの関係を考えていってほしいのです。

（2015年10月27日、世田谷区深沢の事務所にて）

注　世田谷区が風景づくり条例にもとづいて選定する地域風景資産として、2004年（第1回）に呑川親水公園が、2008年（第2回）に旧・新町住宅地の桜並木が選ばれている。

## 住宅遺産トラスト
# 名作住宅を、
# 多様な分野の連携で継承する

### 専門知を集結した住宅遺産継承活動

さまざまな事情により我が国では、歴史的、文化的に貴重な住宅建築の多くが失われつつある。こうした価値ある住宅建築、すなわち「住宅遺産」を失うことは、私たち日本人の建築文化や生活文化にとって大きな損失であるだけでなく、地域の記憶や成熟した景観を失うことにもつながるであろう。しかしながら、その多くが個人所有であること、また住宅建築の保存・継承には建築だけでなく、多岐にわたる専門的な知識と経験が必要とされることから、これまでこうした「住宅遺産」の保存・継承はきわめて難しいテーマだった。

私たちは、東京・自由が丘にある吉村順三(1908〜1997)設計による「旧園田高弘邸」(現伊藤邸、1955年築)の保存・継承活動をきっかけに、建築家、建築史家、弁護士、不動産鑑定士など、さまざまな分野の専門家が集まり、継続的に住宅遺産の保存・継承活動を行うことを目的に、2013年3月、住宅遺産トラストを設立した。

### 名住宅を引き継ぐ集い

「旧園田高弘邸」は、吉村順三が東京藝術大学の助教授であった46歳の時、ピアニストの園田高弘(1928〜2004)夫妻のために設計した延床面積23坪の小さな住宅である。1987年に吉村の弟子である小川洋が増築部分を設計し、現在の姿になった。2008年、所有者である園田春子さん(故園田高弘夫人)から地元のまちづくりNPO「玉川まちづくりハウス」に、「50年余りを過ごしたこの家を残したい。できれば建物を壊さず引き継いでくださる方にお譲りしたい」とのご相談が持ち込まれた。さっそく「玉川まちづくりハウス」のメンバーで見させていただいたところ、「自由が丘の家」として知られ、戦後の小住宅を代表するこの名住宅は、ほぼ建てられた当時のデザインのまま良好な状態で維持され、増築された部分も含めて保存されるべきであろうということに、疑いの余地はなかった。

---

**住宅遺産トラスト**
2013年3月に設立された一般社団法人。住宅建築の継承と活用をサポートする組織。価値ある住宅を残したいと考える所有者の相談に乗り、建築、不動産、法律、まちづくりなどの専門家へつなぎ、次世代へ継承する活動を行っている。

そこで2008年秋、想いを同じくする建築専門家、地域住民を中心に「園田高弘邸の継承と活用を考える会」を立ち上げ、4年間にわたって、春子夫人が企画する演奏会と建築のレクチャーから構成される「園田高弘邸　音楽と建築の響き合う集い」を実施した。13回にわたり開催されたこの集いを通して、音楽と建築を愛する多くの方々にこの活動を知っていただくと同時に、住宅遺産トラストの現在の活動につながるネットワークを構築することができた。

図1　「音楽と建築の響き合う集い」の光景（©齋藤さだむ）

しかし、残念ながら、この集いを通しては継承者に出会うことができなかったため、2012年秋、展覧会「昭和の名作住宅に暮らす―次世代に引き継ぐためにできること　吉村順三、吉田五十八、前川國男による三つの住宅」を開催する。この展覧会が新聞、雑誌等に取り上げられたことがきっかけとなり、2013年春、「旧園田高弘邸」は新しい所有者に継承されることになった。一方、この展覧会で同じく住宅建築を残すことを前提に継承者を探した吉田五十八設計による玉川田園調布の「旧倉田邸」は、時間的な制約もあり、残念ながら解体され、その後、土地は分割売却された。また、前川國男設計による「新前川邸」は、所有者とともに今後長きにわたる保存を目指して、住宅遺産トラスト設立後も引き続き継承のあり方を検討している。

2013年の住宅遺産トラスト発足以降、私たちは、「富士見の家」（アントニン・レーモンド設計、1970年築）、「代田の町家」（坂本一成設計、1976年築）などの継承にも関わってきた。現在は、先の展覧会がきっかけとなって所有者からご相談を受けることとなった「加地邸」（遠藤新設計、1928年築）の継承活動に取り組んでいる。また、旧園田高弘邸は、新たな所有者に継承された後も住宅遺産トラストが建物の管理と活用に関わり、現在も「音楽と建築の響き合う集い」を継続している。

## 活動のネットワークを関西にも広げる

2015年10月には、関西でも住宅遺産トラストの活動が本格的

表1　住宅遺産トラストの経緯

| 年・月 | 内容 |
|---|---|
| 2008.11 | 「園田高弘邸の継承と活用を考える会」発足<br>第1回　園田高弘邸「音楽と建築の響き合う集い」（現在も継続中） |
| 2010.5、10 | 「新・前川國男自邸」セミナー<br>第1回「その価値と未来と考える」鈴木博之、横山禎徳　司会：松隈洋<br>第2回「文化遺産としてのモダン住宅の未来を考える」篠原修、木下壽子、松隈洋 |
| 2012.3 | シンポジウム「近代住宅遺産の継承を考える」＋齋藤さだむ写真展<br>伊藤雅春、内田青蔵、木下壽子、田村誠邦、野沢正光、馬場正尊、佐々木龍郎、松隈章<br>司会：新堀学 |
| 2012.9～10 | 展覧会「昭和の名作住宅に暮らす―次世代に引き継ぐためにできること―<br>　　　　　吉田順三、吉田五十八、前川國男による三つの住宅」<br>見学会：旧倉田邸（吉田五十八）、園田邸（吉田順三）<br>サロントーク：桐島洋子、桐島かれん　司会：松隈章 |
| 2013.2 | 吉村順三「自由が丘の家（園田高弘邸）」継承 |
| 2013.3 | 一般社団法人「住宅遺産トラスト」発足 |
| 2013.5 | 坂本一成「代田の町家」見学会＋坂本一成レクチャー |
| 2013.12 | アントニン・レーモンド「富士見の家（吉田邸）」見学会 |
| 2014.2 | 「VILLA LE MAIS（平田重雄自邸）」見学会 |
| 2014.3 | 「代田の町家」継承 |
| 2014.5～8 | 遠藤新「加地邸」調査・応急修繕 |
| 2014.6 | アントニン・レーモンド「富士見の家（吉田邸）」継承 |
| 2014.9 | カニングハム邸「建築×ジャズ風デュオ 対話の夕べ」 |
| 2014.10 | 鈴木邸（田園調布）お別れ見学会 |
| 2014.10～11 | 展覧会「加地邸をひらく：継承をめざして」<br>シンポジウム「加地邸の魅力」<br>藤森照信、井上祐一、内田青蔵、水沢勉、野沢正光　司会：津村泰範 |
| 2014.11 | 「代田の町家」の継承改修（坂本一成）後の見学会 |
| | 平田重雄自邸の消失 |
| 2015.3 | 伊藤邸（旧園田高弘邸）国の有形文化財登録 |
| 2015.4～5 | 展覧会「加地邸をひらく2015春：暮らしの記憶」 |
| 2015.6 | 東京建築士会「これからの建築賞」受賞 |
| 2015.10 | 一般社団法人住宅遺産トラスト関西設立 |
| 2015.11 | シンポジウム「加地邸をひらく2015秋―継承の実現へ」<br>藤森照信、尾谷恒治、後藤治、水沢勉、野沢正光、山梨崇仁　司会：津村泰範 |
| 2016.1 | 遠藤新「加地邸」継承 |

図2　「昭和の名作住宅に暮らす」展（©住宅遺産トラスト）　　図3　坂本一成「代田の町家」見学会（©齋藤さだむ）

に始まった。「住宅遺産トラスト関西」は、東京の住宅遺産トラストとは別組織だが、連携をとりながら、現在、「岡本の洋館」（木子七郎設計、1923年築）、「喜多邸」（藤井厚二設計、1926年築）の保存・継承に取り組んでいる。

　世代交代、相続問題、老朽化など、住宅遺産が失われる理由はさまざまだ。これまで、歴史的、文化的に価値のある住宅であっても、売却するための相談窓口は銀行、税理士、不動産会社等が一般的で、建築的な価値について議論されることなく「解体・更地売却」という選択肢が示されるケースがほとんどだったのではないかと思う。前述した通り、住宅遺産の保存・継承には、さまざまな専門分野の知識や経験が必要とされる。住宅遺産トラストは、価値ある住宅を残しつつ継承することを望まれる「住宅遺産」の所有者の最初の相談窓口となり、建築、法律、税務、金融、不動産、行政といった多岐にわたる分野の専門家のネットワークを駆使し、その継承あるいは活用を実現するための具体的な方法を提案、実行していきたいと考えている。

図4 「旧園田高弘邸」の居間(©齋藤さだむ)

図5 遠藤新「加地邸」の居間(©小野吉彦)

対話—住宅遺産トラスト　×吉良森子・佐々木龍郎
# 住宅遺産を継承する仕組みをつくる

自分の愛着ある家が失われたくないと考える人は多いだろう。その建築的価値が認められていればなおさらだ。だが個人の金銭的問題にも関わる「住宅遺産」を残すことは、単に建築的価値を主張したり、奇跡を待つだけでは難しい。多分野の専門家と協力し、少しずつ日本の不動産価値の仕組みを変えていこうとする住宅遺産トラストの取り組みは、これからどのように展開しうるのだろうか。

## ■エピソードで終わらない仕組みをつくる

**吉良**　今回、さまざまな活動をされている方にお話を伺っていると、多くの活動が、目の前の状況に対して勝算など考えずに立ち向かっていき、試行錯誤しながらなんとか成功したというエピソードから始まっています。ただ、それが本当にこれからの建築士の職能の拡大になるのか。一度きりのエピソードで終わらせず、恒常的に成功していく新しい仕組みを構築できるかどうかが重要です。住宅遺産トラストは、今まさに仕組みになっていこうとする過程の真っ只中にあるのではないでしょうか。

**木下**　それには「住宅遺産トラストに頼めば残るかもしれない」という信頼を得て、実績を残すことが一番重要だと思います。成功した例が示せると所有者の方の信頼が全然違うんです。継承者探しはとても時間がかかるし、大変です。加地邸も依頼を受けてからもう4年。多くの場合、時間は限られています。それに、個人から個人へのリレーだと次の代でまた同じことが起こる。奇跡が起こり続けなければ残せないんです。

**吉良**　奇跡じゃだめなんですね。

**木下**　だめなんです。やはりマーケットを育てるのが一番重要で、欧米と同じように近代住宅遺産を所有したい、住みたいと思っている人もいるはずだから、そういう人がつながっていって、建物の価値を正当に評価して売れるようなマーケットをつくっていかなければと思います。

また、個人のリレーには限界があるので、イギリスのナショナルトラストやランドマークトラストのように相続が起きないような仕組みをつくるとか、寄付だけに頼らず多くの人が住宅遺産を享受できる仕組みをつくることも必要です。そのためには、誰かが受け皿にならないといけない。日本では、税制や法律が欧米とは異なるので、同じやり方をそのまま持ってきて当てはめることは困難です。田園調布などでも、住宅遺産が壊され、ハウスメーカーの豪邸に建て替わるというケースが見られます。

**吉良**　お金持ちの心をそういう会社が掴んでいるんですよね。住宅遺産トラストの一番重要なターゲットである近代住宅の持ち主たちが、「次の世代に引き継ぎたい」と思った時に住宅遺産トラストに来てくれるかどうかですね。

**佐々木**　住宅を相続する予定の少し若い世代もターゲットですよね。日本では、自分の代のことは自分ですっきりさせたいと思う人が多い。物を残すと問題だから逆に壊してしまおう、という考えの所有者も多いと思います。

**木下**　だから、イギリスのような方法を日本に持ってくるのは無理でしょう。可能なのは小口の資金をみんなで出し合う仕組みや、オーナーズクラブのような組織でみんなで支え合う仕組みをつくって、住宅遺産トラストが専門

家としてサポートしていくことでしょうか。

■キャッシュフローをどう生むか

**吉良** さまざまな方向で保存を模索しなければならない状況では、コミュニケーション、法律、建築など異業種の専門知が必要になると思いますが、さまざまな専門家の知識と判断を、近代建築の住宅を残すという目的に向かってどう統合するのでしょうか。

**木下** 事務局が窓口になり、各プロジェクトごとに理事が入りながら、その住宅の状況に合ったグループをつくり、必要に応じて専門家に入ってもらうのです。加地邸の場合は「加地邸保存の会」を立ち上げ、地元の葉山町の人々、法律家、それから建築史家や修復の専門家が入っています。

**吉良** 自転車操業的な運営になりますね。持続性と社会的インパクトのある活動にするために、アップグレードが必要なように思います。

**木下** 専門家に仕事として力を発揮してもらえる職場になるためのキャッシュフローをどう生むかですよね。でも今、景観法を変えようと取り組んでいますが、それが成功しても住宅遺産トラストには一銭も入らないんです。結果として葉山の別荘群が残ったということが、私たちのやりがい、という感じになっていて、そこからお金が入る発想はないのです。

**佐々木** でも、法整備なら行政がコンサル業務としてお金を出せるはずです。都市計画法の見直しや地区計画策定まで持っていかないと、次の段階に進まないのではないですか。住宅が残ればそれでいい、という考えは良くないです。

**木下** もちろんです。もし葉山がうまくいけば、他の自治体でコンサルを依頼される可能性はあります。でも、今回は私たちが葉山町にお願いしている状況なのです。

**吉良** 自治体も持ち主もこれまでは見えなかった「価値」を得るのだから、そのことに対価を支払うべきなのに、こちらがお願いしているという状況は、逆転しないといけないですね。

**木下** だから周りを変えていくしかないんです。自分たちがいくら言っても、周りの意識が違えば難しい。行政にも、所有者にも、買う人にも、住宅遺産に価値があるということを認識してもらうしかない。「保存しないで業者に売れば費用はかからないのに、なぜあなたにお金を払わないといけないの？」という次元の議論をしている限りどうしようもないんです。意識を変えて、マーケットをつくって、法律、税制といった仕組みを変えていくしかない。そして総合的なアドバイスができないとダメですね。所有者から見ると、土地のことは不動産屋さん、建物のことは建築家なんていうふうには考えられない。土地と建物が一体で不動産なんです。でも土地と建物について総合的に適切なアドバイスをする仕組みがない。なぜこんなに断絶しているのかと思います。

**吉良** ただ、断絶しないと不動産をやっているのか建築をやっているのか分からない。

**木下** それはそうです。でも継承の問題は、弁護士、税理士、建築士、不動産屋さんなど、多くの方のさまざまな専門性をどう活かすかで結果が違ってくるんです。私たちをバックアップしてくださる多分野の信頼できる専門家がいて、解決できる。住宅遺産を所有している方はどこに相談すればいいのか、分からないんです。総合的に対応できないと残せないし、所有者の方のニーズに応えられないということを痛感しています。

■メディアを活かす

**吉良** この園田高弘邸のようにうまく継承

ができたケースでは、メディアに取り上げられたことが重要だったようですね。

**木下** 確かにメディアに取り上げられることが一番即効性があります。雑誌や新聞に掲載された結果、予想以上の速さで「住宅遺産トラスト」の名前が認知されるようになりました。意外なところから支援や相談のお話が来たりします。

**吉見** 来年度は、私たちが扱ったもの以外も含めて、継承された名作住宅のアーカイブをつくろうと思っています。そのために1年間、『家庭画報』で連載をいただくことになりました。

**吉良** それはいいですね。『家庭画報』は住宅遺産トラストに適した媒体だと思います。オーナーズクラブなどをつくっていく上でも手がかりになるメディアではないでしょうか。

やはりコミュニケーションを重ねて認知してもらい、そこで相談にくる住宅をなんとか継承して実績を積み上げるしかないのかもしれませんね。時間もお金も限られているから、法律も、仕組みも変えてというのは難しい。実際に継承できればその時点でお金が動くから、それを繰り返していく。スピーディに動けるのはやはりコミュニケーションですね。

■貨幣価値に展開できるか

**佐々木** 総合的な知識も重要ですが、弁護士さんも、税理士さんも、お金がかかりますよね。そのフィーはどのようにしているんですか。

**新堀** 問題は、対価に名目がつかないことなんです。本当は提供される価値自体に対して値段をつけたいのですが。

**佐々木** オーナーズクラブをつくる時にも一番必要なのは、オーナーが対価を支払うという認識をつくることですよね。「住宅遺産トラ

住宅遺産トラスト(左から、吉見千晶さん、新堀学さん、木下壽子さん)と吉良森子さん(右端)

ストに頼んだら、汗かいてやってくれたね」となっては消耗戦です。今回「これからの建築士賞」で入賞したのは、不動産のプロも入っていて、汗をかくだけの活動ではない、貨幣価値に展開する可能性を読み取れたからなんですよ。

**木下** あるところまでは無償で、その先はコンサルとしての料金体系を示すということになっていくでしょう。その前の段階で信頼を得られるかどうかが重要だと思います。

**新堀** 「きちんと対価を払ったことで、こんなに良くなりました」というストーリーを、『家庭画報』での連載でも取り上げたいんです。

**佐々木** 今、エピソードをひとつひとつ積み上げて、ブランド化している最中ですね。

**新堀** 最近、倉方俊輔さんも関わって「住宅遺産トラスト関西」が設立されました。活動の考え方やきっかけは違いますが、目的意識は共有しています。同じような団体は、他の場所にもできてくるでしょう。「トラスト」とはいえ、本来の「信託」の機能にはまだ手が届いていない。その前にやるべきこともたくさんあります。事例ごとにひとつひとつ解決していきたいと思います。

(2015年11月11日、伊藤邸(旧園田高弘邸)にて)

論考3＿倉方俊輔

# 生きた市民としての建築士

「建築士」とは何だろう

「これからの建築士」とは何だろう？　この本をお読みになっている皆さんにとって耳慣れない言葉かもしれない。私も同じだ。最初にこの単語に触れたのは、1年ほど前、佐々木龍郎さんから届いた1通のメールを読んだときだった。それは、「これからの建築士賞」の審査員をしてほしいという依頼で、建物を建てることだけではない専門家の役割を応援したいという趣旨にも、中村勉さんと吉良森子さんとともに異なる世代や立場から選定を行うという方針にも賛成した。そして、何よりも触発されたのが「これからの建築士」という言葉だった。

と、ここで歴史家として資料を確認するために、メールボックスを探ってみる。佐々木さんの発信が2015年1月20日16時12分、対する私の返信が17時12分。即座の応答に、刺激の強さが伺える。以下、当時のまま。

> これは面白いですね。
> 建築「家」の協会でも、建築「学」の会でもない、
> まさに建築士会がすべき賞！
> ど真ん中が空いているものだと、感嘆しました。
>
> 全部捨てて、がらがらぽん、ではなく、
> まさに「建築士」のリノベーションですね。
> この賞によって社会的意義を顕彰して、
> 建築士の存在意義をアピールしていくことも大事、
> でもそれ以上に、新しい形で建築家が「食っていく」方策を見出し、
> 後押しになることがもっと狙い、という趣旨だと拝察しました。
>
> お声がけいただき、ありがとうございます。
> ぜひ、加わらせてください。
> 歴史的に見ても、重要なことだと思います。
> 異なる世代、立場の組み合わせというのも、
> 私も大変勉強になりそうで、期待しています。

読み返すと、この論考にも向いた内容である。少し解説したい。

最初に「建築『家』の協会」とあるのは、「公益社団法人 日本建築家協会（JIA）」のこと。1987年に結成され、現在5000名余りの会員を有する。自己を「建築の設計監理を行う建築家の団体」と定義し、「建築家を代表する唯一の国際的NGOである国際建築家連合（UIA）の日本支部」であることが、公式サイト[注1]に明記されている。「JIA（日本建築家協会）について」の最後には、こう記されている。

「日本建築家協会に加盟する5000余名の建築家は、厳しい自己研鑽を行い、高い倫理意識を持って設計監理の業務を遂行することを通じ

てクライアントと社会公共のために貢献し、より豊かで美しく安全な国土と都市と建築の建設に貢献していきたいと考えています」

　繰り返し強調されているのは「建築家」という言葉だ。

　「建築家」という言葉は、社会的にもよく使われる。だが、その対象は定義されていない。後で触れるように「建築士」は、我々の共同体である国家が与えた資格の名前である。建築士であるかないかは判別できる。けれど、建築家であるかないかを、それと同じように述べることはできない。国の法律で規定されたものではないからだ。しかも、より根本的なことだが、我々の共同体である日本社会の通念上「建築家とはこうである」という一致を見ているとは、言いづらい。

　「建築家」とは自分勝手に、珍奇なデザインを行う人々のことだろうか。もちろん、そんなことはない。2015年3月末時点で建築士（一級＋二級＋木造建築士）の登録者が約113万人を数えるのに対し、建築家の国際団体の日本支部加盟者が5000人だとしたら、「建築家」とは極めて少数の存在なのだろうか。いや、それも的外れな分析だろう。

　日本建築家協会はこうした誤解に対して、「厳しい自己研鑽」を行い、「高い倫理意識」を持っていることを社会にアピールすることで、真の「建築家」とは何かを伝えるための団体と言える。

　だとしたら、その団体の賞は、自己研鑽の結果としての建築の質か、倫理の高さ、あるいは両者のアピール度に対して与えられるべきだ。儲けや職業の横断のような話と切り離すことに大きな意義があるだろう。

　もうひとつ、先のメールで書いた「建築『学』の会」とは「一般社団法人　日本建築学会」のことである。こちらは歴史が古い。設立は1886年。当初は「造家学会」という名称だった。「造る、家を」にしても「建て築く」にしても、建築は実践の学問だ。明治に入り、外国人が日本を見たときに「ここは（西洋と同じ）文明国だなあ」と思わせる建物を、煉瓦や石を使ってつくる必要が生まれた。その形もつくり方も、それまで列島になかったものだった。そこで国家が学校を設立して、外国人の教師を呼び、西洋の建築学を教えてもらうことになった。その卒業生が中心になって生まれたのが、この学会だ。

　現在の会員数は約3万5000人。「学会」と言っても、大学の教員や大学院生ばかりでない。設計業や建設業などに従事する会員も多い。西洋の建物のつくり方を学び、やがて地震・防災など日本独自に対策を練らな

いといけない問題への対処の方法を学び合った。そんな歴史が、通常の「学会」よりは実践寄りである現在の会の性格にも反映されている。

とはいえ、学会である。したがって「学」を中心に編まれている。それはすぐに役に立たなくても許される。個性よりも、応用性が期待される。直接あるいは記憶によって感化するよりも、記録に残って影響を及ぼすことが良いのである。「学」に従事する1人として、それは将来の実践のための別働隊なのだ、と言いたい。

だとしたら、その団体の賞は、仮に現在の実業に直結しなくても「学」としての価値に対して与えられるべきだろう。あるいは大学をはじめとするアカデミーの意義を社会にアピールしたものに授与されるべきだ。なぜならそれは少なくとも現在の社会においては学の最大の担い手となっており、その存在が認知されないと学の維持は難しいからだ。

再び「アピール」という言葉に行き着いた。当然ながら、賞を与えるという行為は自然でも、自明でもない。それは常に自己維持を狙った、自己像の顕示でもある。逆に言えば、何が受賞対象として適当かを思考することを通じて、授与団体のアイデンティティが再認識されていく。賞は結構大事だ。選ぶ側が選ばれている、何に賞を与えるかには緊張感を持たねばならない…なんて言葉は、したがってよく耳にする。

ここまでに、日本建築家協会と日本建築学会に触れてきた。他にも、建築系の団体は数多い。私自身も、2014年に設立された「一般社団法人 日本建築設計学会」に深く関わり、会誌『建築設計』の編集長として、アカデミーや資格といった制度に縛られずに「建築設計」を考えることを中心に据え、他団体とは異なる顔をつくろうと模索している。

私は思うのだ。現在は領域横断的である。以前に比べると、情報収集や活動、発信における地位や地域の格差がなくなり、1人の人間が複数のアイデンティティを持てるようになった。平野啓一郎[注2]の言うところの「分人」の時代だ。だからこそ、旧来の団体も大同団結すべき…ではなく、むしろ専門集団の意味は、いっそう高まっているのではないだろうか。1人の人間が所属にしがみついている時代であれば、専門集団の根本を問い直すことは、所属者のアイデンティティを揺り動かすという残酷さにつながりやすい。そうではなくなったのだから、より客観的に、ある専門集団が存在する役割を検討しやすいはずで、そうして強靭になった分割された部分が、1人の人間あるいは社会全

体の中で競い合い、ケースバイケースで協働することが、より良い暮らしをつくるのではないかと思う。

　そうした時代の中で、「建築士会がすべき賞」とは何だろうか。それは「建築士」とはそもそも何だろう、という問いかけにつながる。

　誤解を恐れずに言えば、それは「食っていく」ための資格である。それ自体は「建築家」のような自己研鑽と倫理意識のための名乗りでも、「建築学」のような未来の他人に向けた蓄積でもない。自分が今、役に立つための資格である。

　それは今から65年前、1950年に生まれた。資格を有する者だけが遂行できる行為が定められた、国土交通省管轄の業務独占資格だ。各都道府県の建築士会は、それを維持する保守的な役割を持っていると言えよう。メールに書いた「この賞によって社会的意義を顕彰して、建築士の存在意義をアピールしていくことも大事」とはそういうことだ。

## 「建築士」からの展開

　「建築士」は建築士法の第2条で「建築士の名称を用いて、建築物に関し、設計、工事監理その他の業務を行う者をいう」と定められている。「建築物」については、同時に制定された建築基準法の第2条で「土地に定着する工作物」を大原則として定義されている。すなわち建築士は、土地という特定の〈場所〉に関わる仕事ということになる。それに対して行うことの冒頭に「設計」が挙げられているから、やはり〈設計〉が業務の中心であるらしい。それに続いているのが「工事監理その他の業務を行う」という文言で、「工事監理」は同条で「その者の責任において、工事を設計図書と照合し、それが設計図書のとおりに実施されているかいないかを確認すること」とされているから、建築士の業務は「責任」を果たすべき施主（クライアント）や「実施」する施工者と〈関係性〉を持つことになる。以上から、建築士法で定義された建築士の仕事は〈特定の場所で、設計を中心とした行為を、関係性の中で担うこと〉と読み替えられる。

　「これからの建築士」は、この延長線上にあると考える（次頁表）。

　建築士が①「関係性」の中にあることは、1950年に定義された建築士法が述べている通りだが、その時に想定されていたのは、施主から依頼を受けて施工者を監理するといったシンプルなものだったろう。だが、その後、施主も施工者もそのありようは変わり、協働すべき者も増えた。建築士は複雑化した状況に対応できず、社会に押し流されて

表 「これからの建築士」モデル

「建築士」＝ 建築物に関し、設計、工事監理その他の業務を行う（建築士法）
　　　　　　（＝土地に定着する工作物）
　　　　　＝ 特定の場所で、設計を中心とした行為を、関係性の中で担う
　　　　　　　　③　　　　　②　　　　　　　　①

|   | 専門能力 | 「これまで」 ▶ | 「これから」 |
|---|---|---|---|
| ① | 関係性 | 固定的 | そのつど再編 |
| ② | 設計 | 形態のデザイン | ソフトとハードのデザイン |
| ③ | 場所 | 敷地内の注視 | 地域に入り、地球環境までを意識 |

いくだけなのだろうか。いや、違う。「設計、工事監理その他の業務」を〈固定的〉に捉えるのではなく、「関係性」の仕事であると積極的に読み替え、もとから業務上で得意とする能力によって〈そのつど再編〉することで、社会を動かしていけるのではないか。

　業務の中心である②「設計」にしても、設計図書に反映される〈形態のデザイン〉に限定された能力しか、建築士が持たないとは考えにくい。事実、それに限定されないさまざまな設計の能力で、建築士の資格保有者が活躍しているのは周知の通りである。これから、「設計」をさらに〈ソフトとハードのデザイン〉へと展開させ、社会の中でデザインの意義を拡大させていくことも、建築士の仕事だろう。

　そして、建築士が特定の③「場所」から離れて仕事を行うことができないということが、現代の社会でいっそう深い意義を持つ。建築士は1950年の建築士法制定時もこれからも変わらず、敷地を読み取り、「土地に定着する工作物」としての効果を探りながら建築物を計画する。他方で建築士法の制定時に、「特定の場所」という感覚が失われかねないほどに物・人・情報の流通が発達した現代を想像できただろうか。「場所」の専門家である建築士は、〈敷地内の注視〉に加えて〈地域に入り、地球環境までを意識〉し、その守り手として働くべきだろう。

　本書の第1～3部の構成は、この三つの専門能力の展開に対応している。もちろん、三つが一体になって建築士なのだから、その展開も完全に3分割されはしないだろう。仮に①「関係性」の新しさが際立つ第1部の活動だとしても、次にそこでの②「設計」のありようはどうだろう、③「場所」への意識はどうかなどと考えていくと、それも「これまで」とは変革されているはず。そんな発見のための入口だ。

　完全に分割された枠ではなく、思考の手段なのは、「これまで」と

「これから」の関係も同じだ。「これまで」の仕事が時代遅れで、「これから」に総とっかえすべきというわけではない。施主から依頼を受け、敷地内を注視して形態を設計し、工事を監督するといった仕事が早々になくなるとは思えない。それに、今回の17者は皆、そんな「これまで」の能力の上に立って、社会の中での場所を拡張している。概念的な「建築家」という主語でもなく、二者択一の煽り文句でもなく、〈建築士からの展開〉という言葉が似合う。

## これからの建築士「七つの力」

では、実際に建築士の能力はどう展開されているのか。17者それぞれの意義は本文から読み取れる。3部それぞれの意味合いは扉ページに書かれている。その上で、建築士の力として七つの点を強調したい。

第一に言えるのは、建て築くことの知識を1人の中で網羅している建築士だからこそ、場面に応じて一部だけを駆使したり、他の専門性とコラボレーションできるという応用力だ。

改めて、「建築士」が資格の名称だという事実を繰り返そう。一級建築士に合格するには「計画」「環境・設備」「法規」「構造」「施工」の5科目の総合点だけでなく、各科目で一定以上の点数が必要だ。実際には計画や構造や環境・設備などに特化して業務を行っている者が多く、また2008年には、一定以上の構造物に関与すべき構造設計／設備設計一級建築士が新設されたが、それでも建築士という資格に、建造物の構築にまつわる諸々を1人の中で知っているという網羅性があることには変わりない。

こうした共通の基盤が、木材の生産から消費までを見据えた**チーム・ティンバライズ**の協働を容易にしているだろう。**北斎通りまちづくりの会**が防災とまちづくり、有名建築家によるデザイン効果を総合できていることにも、**復興小学校研究会**が調査と提言を両輪にして影響を広げていることにも、**住宅遺産トラスト**が他分野の専門家とつながる前提にも、ひとつのパッケージとなった「建築士」資格の効用が見られる。

資格を取れば一生安泰というのではなく、即物的な面だけを網羅しているからこそその道具としての使い勝手と社会からの一定の信頼度を、その限界を見定めながら活用する姿勢を、**遠藤幹子**や**文京建築会ユース**からも学びたい。

第二は、空間を有した物体を構成できる建築士の力だ。前述した網羅的な知識は、計画的にも構造的にも環境的にも、この点で総合される。

何をつくるかからクライアントと考え、竣工後も生活環境の維持に関わる**仲俊治・宇野悠里**の仕事は、設計図書の作成に限定されない。それでも、新しく小さな暮らし方を育む空間をデザインするという建築士の固有性が中核にある。**岩崎駿介**の社会的な活動も、決して抽象的な運動ではなく、人々のために今、何を建設すべきかを誠実に追求したものだ。半世紀前のアフリカ・ガーナにおける都市から自邸「落日荘」まで一貫して、自らの手の延長上でより良い社会の基盤をつくろうとする「建設者」。物体が人間に働きかける効果は多岐にわたることが分かる。

　第三は、場を事前にイメージする力である。物体を構成できる力があれば、その空間でありうべき活動の姿も一定の精度で描ける。「竣工前から建物の使い方をよく知っている人々を生み出すこと」(p.38)を目指す**ツバメアーキテクツ**の活動は、この志向である。チームで結果を出す**SPEAC**の中核にもこの力がある。その上で、他の不動産や経営などの経験を加味して、人々が動き、稼ぎを生む場のイメージの精度を高めている。これからの建築士のひとつの方向性だろう。

　第四は、根源的に思考する力である。現状追認ではなく、問題の根本に立ち返り、要素を分解して思考しながら、勇気を持って未踏の方向に向かう資質。場をイメージする力の延長線上にあるものだ。この遠くに球を投げてみる姿勢は、**チーム・ティンバライズ**の「都市木造」にも、**葛西潔**の意匠だけでなく構法や施工までの責任を担う仕組みづくりにも色濃い。**HandiHouse project**にしても、場当たり的な一般人への追随ではない。「これからの日本の建築は、より明るく文化的に、生活に根ざして広がっていくのではないだろうか」(p.14)という言葉に、現状への疑問と理想の希求は鮮明だ。

　ここがいわば山頂である。建築士が現実的な資格であることに始まり、ここまで上昇してきた。この第四の点だけを取り出せば、「建築家」と呼んでもいいような理想主義的な側面と言える。だが、建築士は食っていかなくてはいけない。以降、どこかの場所で現実に帰還するまでの力も、特筆すべきものだ。

　第五は、現実に落とし込む力である。**日建設計ボランティア部**は、エンジニアリングを一般人に理解できない存在にするのではなく、逆に専門能力で現実に使えるものに翻訳して実践し、市民自身が想像・想定する力を高めている。大きなものを、具体的なものへと落とし込

み、抽象的な市民やクライアントではなく、1人の人間として向き合う。これは具体的な形と全体構想とを同時に考えられる力によって、クライアントのヴィジョンの代理人を目指す**斉藤博**にも共通する。こうした新たな信頼を通じて、設計図書の作成業務を超えた建築士の働きが拡大する日も、遠くはないだろう。

　第六は、コミュニケーション力である。さまざまな立場の人と的確に連絡を取り、新たな人と人との関係性をつくることに躊躇しない姿勢は、建築士の業務で身につきやすいものだ。17者のすべてに存在し、当たり前すぎて気づかないほどのものだが、これからのさまざまな可能性に結びつく素質と言える。

　第七は、地元とのつながりである。生業(なりわい)としての建築士は、理想を捨て去らない一方で、どこか特定の場所に根を下ろすことになる。先に挙げた**北斎通りまちづくりの会**の活動は、エリアに知の力を付与し、住民を客体ではなく「主体」化するものと言えよう。場所を熟知し、そこに根ざした建築士の存在が鍵である。**稲垣道子**や**防災教育ワーキンググループ**も同様で、地域に建築士がいることが環境という共有財産の保全に役立つという理解が、新たな業務に結びつくことが望まれる。

　**善養寺幸子**の政策提言も、場所性と無関係なものでも、抽象的な「東京」から出たものでもなかった。あくまで地元とのつながりの中から、本来こうであったら良いという根源的な思考(第四点)を、快適な空間を構築する力(第二点)で実現させたものである。前述した**仲俊治・宇野悠里**にしても、建築家らしい理想的・抽象的な論理と地元のフィジカルな関係とが切り離せないものであることが読み取れよう。

　こうして自分自身が生きるための資格である「建築士」は〈さまざまな生業の中に生きる、市民としての建築士〉という自己像へと回帰する。

　今回の本づくりを通して、私が1年前のメールの時点では分からなかったこと、対話を重ねる中から見えてきたものは、生きた市民としての建築士の可能性である。これは多くの建築家や建設業のメディアにおける姿とは少し異なる。また、東京という場所性に限定されてもいない。本書が日本各地で、「建築士」を主語に据えた新たなアピールのきっかけになることを期待している。

注1　日本建築家協会ウェブサイト内「JIAとは」http://www.jia.or.jp/guide/about_jia/
注2　平野啓一郎(1975〜)：小説家。代表作『ドーン』などで「分人主義」を提唱している。

おわりに ──「これからの建築士賞」立ち上げの現場から

### 賞の設計

「東京建築士会らしい新しい賞を立ち上げたい」。東京建築士会(以下、士会)の中村勉会長の一言から「これからの建築士賞」がはじまった。士会副会長の櫻井潔をリーダーにワーキンググループを構成し、士会理事会からの意見も踏まえて1年近くかけて賞の設計を行った。

まず、作品に対する賞なのか、人に対する賞なのか、という議論があった。士会が束ねる建築士は、建築に対する総合的知見を有するという個人の能力に対して国から資格を与えられているので、作品ではなく、人とその取り組みに対して賞を与えていくことが相応しいということになった。

次に、人の属性について、東京建築士会の会員か否かを問わないのはもちろんのこと、たとえば活動の当事者が建築士の資格を持っていなかったとしても、その活動が未来につながるものであれば見出していきたいと考え、グループに建築士がいればよいという基準を設けた。

賞の名称は、その設計の途中から「未来の種賞」という名前が有力であったが、知らない人がパッと見た時に何のことか分かりにくい、やはり「建築士」という言葉が入った方が良い、ということで「これからの建築士の仕事賞」に決まりかけた。もちろんボランティア的な活動を否定するつもりはないが、建築士としての自身の職能を貨幣価値に置き換えていく取り組みこそ、見出し紹介していきたいという思いを名称に込めようとしたのだが、一方で、そのような名称が偏りを招くのではないかという意見も出て、最終的に「これからの建築士賞」となった。

賞の骨組みが固まってくるに従い、審査委員の顔ぶれも決まってきた。インターナショナルな視野・経験を持つ審査委員として、オランダを中心に活躍する建築士の吉良森子さん。さまざまな地域や世代の建築に精通し、現在は関西に活動拠点を置いている建築史家の倉方俊輔さん。そして、この賞の言い出しっぺであり、戦後の日本の建築の良質な部分を同時代的に体感、実践してきた建築士として中村勉さんの3人

を審査委員とした。

**賞の審査**
　審査委員のラインナップも功を奏したのか、つかみどころがない賞なので応募数が伸びないのではないか、という士会側の懸念をよそに57もの応募があった。それぞれA4×4頁の応募書類に、虫眼鏡で見ないと読めないほどの密度でぎっしりと書き込まれたものが合計228頁、審査委員に送付された。
　1次審査は57の応募案ひとつひとつについて3人の審査委員で討議していった。3人ともに事前に資料を読み込んでおり、応募案が次々に議論されていった結果、2人以上の審査委員が推薦した17の取り組みが2次審査に進むことになった。
　2次審査はそれから2週間おいて、改めて17の取り組みについてひとつひとつ議論し、最終的に審査委員2人以上が推薦した六つの取り組みを第1回「これからの建築士賞」に決定した。この本では、あえてその紹介に賞としての序列をつけていない。インターネットで検索すればどれが賞を取り、どれが賞を逃したか知ることはできるが、その優劣をはっきりさせることよりも、未来の建築士の活動の可能性を、より多く、公平に紹介することを大切にした。

**取り組みの四つの段階**
　私自身、インタビューのオブザーバーとして10の取り組みの現地に居合わせ、他の七つの取り組みについてもインタビュー記録を確認していく中で、取り組みには「エピソード」「ブランド化」「オープンソース化」「ネットワーク化」という四つの段階があることが分かってきた。
　建築やまちづくりへの取り組みの始まりはすべて「エピソード」である。それが個人的な動機であれ、社会からの要請であれ、個々の物語からすべては始まっている。個々のエピソードが真摯であり、強烈であ

れば、エピソードで止まっていても、十分な価値を持ちうる。
　そのエピソードを「ブランド化」していくか否かが次の段階である。ブランド化の意義は大きく二つある。ひとつはエピソードの精度を上げていくことで、これは建築士としてとても大切な側面だ。もうひとつはクライアントを「囲い込む」ことで、これも生業として食べていくためにはとても大切なことだ。そして、この二つの両立はもちろん可能で、現在日本で展覧会をしているフランク・ゲーリーをはじめとして建築の世界では見慣れた状況であり、まさにエピソードがブランド化された映画シリーズ「スター・ウォーズ」が2015年末を席巻している中で、この原稿を書いている。
　しかし、建築はそこで「おしまい」になっていることが少なくない。ブランド化の過程でせっかく精度が高まった知見が、誰もが手に取り活用できるような「オープンソース」になかなかなっていかない。一方でエピソードだけが精度のないままにSNSなどでオープンソース「的」に扱われて劣化コピーが出回っていくことになるのだが、本当に世の中に出回るべきは劣化コピーではなくて、精度が高められたエピソードであってほしい。たとえばアーカイブ化もそのためのひとつの戦術で、文化庁の国立近現代建築資料館などでも積極的に著名な建築士が残したコンテンツが公開されているが、それがこれからの社会の豊かさに貢献していくのか、市井の建築士の糧になるのか否か、今はまだ見えていない。
　これからの建築士の活動として「オープンソース化」に対する意識、その先にある「ネットワーク化」に対する意識を持っているかどうかが大切になってくることは、今回の取り組みを見ても分かる。そして、そのような意識に自分が興味がなかったり、できなくても、そのようなことが得意な人と組めばいいし、本来は、その会員として市井の建築士を多く抱える東京建築士会のような公的な組織が「オープンソース化」「ネットワーク化」のハブになるべきなのかもしれない。

おわりに──「これからの建築士賞」立ち上げの現場から

## 「これまで」の蓄積の先にある「これから」

　「建築士」が建築家や設計者と根本的に違うのは発注側にも所属していることである。さらには銀行などの資産評価を行う立場でも、確認申請をチェックする建築主事は一級建築士の資格が必要であり、それも含めて行政にも所属している。昨今の、建築を取り巻く諸問題のうち、発注などの精度の不足に端を発する問題も少なくないことを考えると、発注側、受注側、審査側、評価側など異なる立場に立つ建築士が、その建築に対する総合的知見を持って連携することにより、その状況は改善しうるに違いない。その意味で、第2回以降、さまざまな立ち位置からの応募を期待したい。

　「これからの建築士」というタイトルを決める際に「これまでの建築士」の取り組みを過小評価することにならないようにしたい、というのがワーキンググループの危惧であった。今回、取り上げた17の取り組みを見ていただければ、いずれの取り組みも、これまでの建築士の知見を十分に尊重し、それを活かした取り組みになっていることが分かると思う。建築士としての活動期間やその内容の差はあるにせよ、「これまでの建築士」の活動の蓄積の先に「これからの建築士」の未来が開けている、ということを共有しておきたい。

　最後に、賞の審査委員でもあり、この本の編著者にもなっていただいた倉方俊輔さん、吉良森子さん、中村勉さん、現地取材を快く受け入れてくださり活動報告の執筆もしていただいた17の取り組みの当事者の皆さん、出版にあたり尽力いただいた学芸出版社の神谷彬大さん、賞の実施を支えていただいた東京建築士会事務局の皆さんに、これからの建築士賞ワーキンググループの一員として、深く感謝します。

2016年1月
佐々木龍郎

## 編著者略歴

**倉方俊輔**（くらかた・しゅんすけ）
1971年生まれ。建築史家、大阪市立大学准教授。早稲田大学大学院博士課程満期退学。博士（工学）。西日本工業大学准教授を経て現職。著書に『吉阪隆正とル・コルビュジエ』（王国社）、『ドコノモン』（日経BP社）、共著に『東京建築 みる・あるく・かたる』（京阪神エルマガジン社）、『生きた建築 大阪』（140B）、監修に『伊東忠太建築資料集』（ゆまに書房）ほか。

**吉良森子**（きら・もりこ）
1965年生まれ。オランダ・アムステルダムで moriko kira architect 主宰。早稲田大学建築学科大学院卒業後、ベン・ファン・ベルケル建築事務所勤務。2004〜2010年アムステルダム市美観委員会委員。神戸芸術工科大学客員教授。著書に『吉良森子 これまでとこれから―建築をさがして（現代建築家コンセプト・シリーズ）』（LIXIL出版）ほか。

**中村勉**（なかむら・べん）
1946年生まれ。東京建築士会会長。東京大学工学部建築学科卒業、槇総合計画事務所などを経て中村勉総合計画事務所設立。ものつくり大学名誉教授。著書に『「2050年」から環境をデザインする』（共著、彰国社）ほか。

協力：**東京建築士会**

編集協力：佐々木龍郎（「これからの建築士賞」ワーキンググループ／佐々木設計事務所）

---

## これからの建築士
### 職能を拡げる17の取り組み

2016年3月1日 初版第1刷発行

| | |
|---|---|
| 編著者 | 倉方俊輔、吉良森子、中村勉 |
| 協力 | 東京建築士会 |
| 発行者 | 前田裕資 |
| 発行所 | 株式会社学芸出版社 |
| | 京都市下京区木津屋橋通西洞院東入 |
| | 電話 075-343-0811　〒600-8216 |
| 装丁 | 後藤哲也｜OOO projects |
| 印刷 | オスカーヤマト印刷 |
| 製本 | 山崎紙工 |

©倉方俊輔、吉良森子、中村勉ほか 2016　　Printed in Japan
ISBN 978-4-7615-2616-0

JCOPY 〈(社)出版者著作権管理機構委託出版物〉
本書の無断複写（電子化を含む）は著作権法上での例外を除き禁じられています。複写される場合は、そのつど事前に、(社)出版者著作権管理機構（電話 03-3513-6969、FAX 03-3513-6979、e-mail: info@jcopy.or.jp）の許諾を得て下さい。また本書を代行業者等の第三者に依頼してスキャンやデジタル化することは、たとえ個人や家庭内での利用でも著作権法違反です。